Catalfamo — Ideologie und Erziehung

Internationale Pädagogik

herausgegeben von Winfried Böhm

Band 9 — 1984

Giuseppe Catalfamo

Ideologie und Erziehung

aus dem Italienischen übersetzt von
Liselotte Reich-Coregliano
und durchgesehen von Winfried Böhm

Königshausen + Neumann
1984

Titel der Originalausgabe:
L'ideologia e l'educazione
Messina 1980

CIP-Kurztitelaufnahme der Deutschen Bibliothek

Catalfamo, Giuseppe:
Ideologie und Erziehung / Giuseppe Catalfamo.
Aus d. Ital. übers. von Liselotte Reich-Coregliano u. durchges. von Winfried Böhm. — Würzburg : Königshausen und Neumann, 1984.
  (Internationale Pädagogik ; Bd. 9)
  Einheitssacht.: L'ideologia e l'educazione «dt.»
  ISBN 3-88479-182-6

NE: GT

© Verlag Dr. Johannes Königshausen + Dr. Thomas Neumann, Würzburg 1984
Satz: Fotosatz Königshausen + Neumann
Druck und Bindung: difo-druck, Bamberg — Alle Rechte vorbehalten
Auch die fotomechanische Vervielfältigung des Werkes oder von Teilen daraus (Fotokopie, Mikrokopie) bedarf der vorherigen Zustimmung des Verlags
Printed in Germany
ISBN 3-88479-182-6

Inhalt

Vorwort des Herausgebers 7

1. Ideologie, Erziehung, Pädagogik 11
2. Die ideologische Pädagogik 27
3. Die indifferente Pädagogik 40
4. Die dialektische Pädagogik 48
5. Ideologie und Schule 59

Anhang:
Der historische Personalismus und seine Pädagogik 67

Vorwort des Herausgebers

Daß Erziehung und Pädagogik sich in einem beständigen und hartnäckigen Ringen mit der Ideologie befinden, scheint zu den historischen wie systematischen Grundtatbeständen dieses Handlungsfeldes und dieser Wissenschaft zu gehören. Eine entsprechend grundlegende Bedeutung kommt daher im pädagogischen Diskurs der Erörterung des Ideologieproblems, genauer: einer sorgfältigen Abklärung des Verhältnisses von Ideologie und Pädagogik zu.

Lassen wir gleich die Vielschichtigkeit außer acht, die dem Wort Ideologie eigen ist — von dem umgangssprachlichen Abqualifizieren der mißliebigen Meinung eines Gesprächspartners bis hin zu einer wissenschaftlich sauber ausgefeilten Ideologietheorie und Ideologiekritik —, dann bleiben doch die unterschiedlichen Erklärungen bestehen, die für das Zustandekommen von Ideologien angeführt werden; und wenn man sich diese näher vor Augen rückt, dann verweisen sie allesamt auf eine für den Erzieher und Pädagogen höchst provokative Problematik. Sei es, daß aus einer vernunftkritischen Perspektive die Zeugungsstätte der Ideologie in der *Faulheit* und *Feigheit* des Menschen erblickt wird; sei es, daß von einem sozialkritischen Aspekt her der Ursprung der Ideologie in nächstenfeindlicher *Bosheit* und in hinterlistiger *Täuschungsabsicht* angenommen wird; sei es, daß von einer Selbstüberschätzung des aktionistischen Tatmenschen her die Ideologie mit hinterwäldlerischer *Weltfremdheit* gleichgesetzt wird; sei es, daß aus wissenssoziologischer Sicht unser Denken im einzelnen durch *schicht- und gruppenspezifische Interessen* als getrübt und im ganzen als durch unsere *soziale Seinslage* bedingt angesehen wird; sei es, daß von einem orthodox marxistischen Standpunkt aus und in Zuspitzung der wissenssoziologischen Perspektive unser Denken überhaupt nur als von der ökonomisch-gesellschaftlichen Basis bedingtes superstrukturelles *Überbauphänomen* gedeutet wird; sei es schließlich, daß von einer in die dunklen Abgründe des Menschseins lotenden Tiefenpsychologie Ideologie als *schlechte Rationalisierung* irrational-triebhaften Handelns und als *Tarnung des Ich* ausgelegt wird; — immer geht es um Sachverhalte, die schwerlich als pädagogisch anzustrebende Ziele gelten können, sofern wir unter Erziehung die Befreiung des Menschen zu selbstverantwortlichem Handeln und zu mündiger Selbstgestaltung seines Lebens verstehen. Wenn dem aber so ist, dann kann sich die Pädagogik, und zwar jegliche Pädagogik, der Auseinandersetzung mit der Ideologie nicht entziehen.

Es kann nicht Aufgabe dieses Vorwortes sein, Wegmarken dieser Auseinandersetzung zu bezeichnen oder gar vorzuzeichnen. Hier, wo es darum geht, ein Buch vorzustellen und in die von seinem Autor behandelte Thematik allenfalls einzuführen, mag es genügen, auf eine einzige Problemverknotung in dem komplexen Verhältnis von Ideologie und Pädagogik hinzuweisen.

Wenn wir mit dem Begriff „Erziehung" das in der konkreten Erziehungssituation notwendige Erziehungs*handeln* meinen, genauer gesagt: die in einer bestimmten Situation getroffene Entscheidung für einen von prinzipiell immer mehreren möglichen Erziehungsakten (und also die gleichzeitige Entscheidung gegen diese anderen Möglichkeiten); wenn wir weiterhin mit dem Begriff „Ideologie" in einem sehr allgemeinen, dafür aber konsensfähigen Sinne gerade das Verabsolutieren einer Teilwahrheit bzw. einer partiellen Möglichkeit und eine durch Vereinfachung einer Totalerklärung erzielte Rechtfertigung unseres Handelns meinen, dann scheint sich die These geradezu aufzudrängen, alles Erziehen sei grundsätzlich ideologischer Natur und sei unausweichlich ideologiebestimmt. Es ist das eine These, die wiederholt vertreten worden ist, und Giuseppe Catalfamo läßt in dem vorliegenden Buch, wenngleich ohne das eigens auszusprechen, keinen Zweifel daran, daß er diese These teilt.

Wenn das erzieherische Handeln aber notwendig der Ideologie verhaftet ist, und sei diese gleich eine je individuelle — heute, wo Kreti und Pleti sich selbstverwirklicht, ist es ja in Erziehungsdingen geradezu Mode geworden, sich seine individuelle Erziehungstheorie auf den Leib zu stricken, — dann rückt notwendig die Frage in den Vordergrund, ob dieser Ideologieverdacht in gleicher Weise auch für die *Pädagogik* zu erheben ist, diese verstanden als die *kritische Reflexion* und das klärende *Nachdenken über Erziehung*. Die Antwort auf diese Frage hängt davon ab, wie man das Verhältnis von Pädagogik und Ideologie bestimmt und vor allem davon, welche Funktion man der Pädagogik im Hinblick auf die Erziehung zuspricht.

Soll man die Voraussetzung machen, die Pädagogik habe gegenüber der Erziehung eine *normierende* und *regelgebende Funktion,* mit anderen Worten ausgedrückt: sie habe dem Erzieher mit wissenschaftlich verbürgter Zeugenschaft genau zu sagen, *wo* und *wie* er *was* zu tun und wo, wie er was zu lassen habe? Dann nimmt diese Pädagogik — qua Theorie *für* die Erziehung — fast unausweichlich denselben ideologischen Charakter an, der der Erziehung im oben beschriebenen Sinne anhaftet; denn woher anders als aus einer kursierenden Ideologie oder aus einer zur Ideologie erhobenen Doktrin sollte diese Pädagogik jene Regeln und Anweisungen herleiten, und woher anders als aus eben dieser Ideologie sollte sie die Sicherheit gewinnen, mit der sie diese Normierungen vertreten müßte, um überzeugend auftrumpfen zu können.

Soll man dagegen die eben genannte Voraussetzung nicht machen, und soll man die Aufgabe der Pädagogik vielmehr darin sehen, den Erziehungsprozeß als solchen wertneutral zu analysieren und durch empirisches Vorgehen Mittel zu seiner effizienteren Gestaltung zu erforschen; soll man also suchen, diese Erziehungswissenschaft von jeder ideologischen Ansteckung keimfrei zu halten? Dann erhält diese Pädagogik — qua Theorie *über* die Erziehung — eine rein *deskriptive* oder eine *instrumentelle Funktion* für die Erziehung; aber in dem gleichen Maße, wie sie sich den Ideologien gegenüber als indifferent zeigt, steigt sogleich die Gefahr herauf, daß sie zum beliebig handhabbaren Instrument aller Ideologien wird. Denn genauso, wie man die Naturwissenschaft von ihrer Anwendung in der Technik unterscheiden muß, darf man auch hier nicht verkennen, daß es zwar eine sich indifferent gerierende, den Erziehungsprozeß beschreibende und analysierende wissenschaftliche Forschung gibt, die Anwendung ihrer Ergebnisse in der Erziehung aber nicht ohne engagierte Wert- und Zielentscheidungen auskommt, ja selbst schon eine solche darstellt.

Wird im ersten Fall die Pädagogik aufs engste mit der Erziehung verbunden, allerdings um den Preis, daß man sie zur Zuchtmeisterin der Erziehung erklärt, so entfernt sich im zweiten Falle die empirisch-analytische Erziehungswissenschaft letztlich meilenweit von jeder maßgebenden Anweisung an die Erziehung, so daß sich diese von jener verlassen und entfremdet vorkommen wird.

Muß man also das Verhältnis nicht anders bestimmen und sowohl Pädagogik und Ideologie als auch Pädagogik und Erziehung in einem *dialektischen* Spannungs- und Wechselverhältnis sehen? Muß man also der Pädagogik — qua Theorie *der* Erziehung — nicht eine *kritische* Funktion gegenüber den Ideologien und gegenüber der Erziehung einräumen?

Genau um diese Frage kreist das vorliegende Buch des italienischen Pädagogen, der seit 1962 als Ordinarius an der Universität Messina lehrt, durch zahlreiche Buchveröffentlichungen hervorgetreten ist und dessen besonderes Interesse der deutschen Pädagogik gilt. Catalfamo diskutiert in diesem Buch die Möglichkeiten und Grenzen einer *ideologischen Pädagogik,* einer der Ideologie gegenüber *indifferenten Pädagogik,* um dann die Notwendigkeit einer *dialektischen Pädagogik* aufzuweisen. Schließlich geht er auf die Frage nach dem Platz der Ideologie im Raum der Schule ein und gelangt dabei auch zu Aussagen über die praktischen Möglichkeiten einer kritisch-dialektischen Erziehung. Er tut das alles anhand zahlreicher Beispiele aus der Geschichte der Pädagogik, und er führt den Gedankengang mit der leichten Feder mediterraner Rhetorik. Über das eigentliche Thema hinaus stellt sein Buch ein authentisches Beispiel italienischer Pädagogik dar, sofern es für eine philosophische Pädagogik eintritt, ohne diese in Philosophie aufgehen zu lassen, und sofern sein Autor Pädagogik als ein Kulturphänomen begreift und die pädagogische Reflexion selbst zu einem Bildungsgut werden läßt. Der hier im Anhang abgedruckte Vortrag läßt die personalistische Position des Autors deutlich werden und kann so einige der Grundlagen sichtbar machen, auf denen die Argumentationen des Buches aufruhen.

Würzburg, im Januar 1984   Prof. Dr. Winfried Böhm

1. Ideologie, Erziehung, Pädagogik

Seiner etymologischen Bedeutung nach meint „Ideologie" bekanntlich „Wissenschaft von den Ideen", so daß ein Ideologe einfach der wäre, der sich mit den „Ideen" beschäftigt, diese verstanden als Gedankensysteme, begriffliche Apparate, Prinzipien usw. In diesem Sinne wurde das Wort wahrscheinlich zum ersten Male von Destutt de Tracy (1754-1836), einem französischen Politologen des 18. Jahrhunderts, verwendet. „Die Ideologie", so heißt es bei diesem Autor, „kann allgemeine Grammatik genannt werden, wenn man sie nur hinsichtlich ihrer Erlernung betrachtet, und Logik, wenn man nur ihren Zweck ins Auge faßt". Als Wissenschaft umfaßt die Ideologie nach Destutt de Tracy drei Teilgebiete: die *Ideologie* im eigentlichen Sinne, die den Ursprung und die Artikulation der Ideen erforscht; die allgemeine *Grammatik* und die *Logik*, wie wir sie eben erwähnt haben.

Auch der italienische Philosoph Pasquale Gallupi (1770-1846) gebrauchte den Begriff „Ideologie", um damit die „Wissenschaft von den wesentlichen Ideen des menschlichen Geistes" zu bezeichnen, wobei er diesem Begriff einen logisch-metaphysischen Sinn gab. Ein solcher Bedeutungsgehalt ist im Sprachgebrauch Antonio Rosminis (1797-1855) noch schärfer akzentuiert. Für diesen großen Philosophen aus Rovereto macht es sich die Ideologie zur Aufgabe, „das Wesen des menschlichen Wissens zu erforschen", weshalb ihr Grundproblem darin besteht, den Ursprung der Ideen zu bestimmen, angefangen von jener universellsten Idee des Seins, die für die Formulierung von Urteilen erforderlich ist.

Heute, nach Übernahme des Terminus in den Kontext der soziologischen und politischen Argumentation, sind solche Verwendungen von „Ideologie" freilich überholt. Anders ausgedrückt: es hat ein Prozeß der semantischen Umformung stattgefunden, besonders nach der Aufnahme des Begriffs in die philosophisch-politische Problemstellung von Karl Marx (1818-1883) und Friedrich Engels (1820-1895). Deswegen ist die begriffliche und semantische Bestimmung von „Ideologie" letztlich stark beeinflußt von der marxistischen Anschauung, die, auch wenn sie den Wesenstyp der ideologischen Gedankenstruktur deutlich ins Blickfeld gerückt hat (d.h. den Grund, warum sie „falsches Bewußtsein" ist), gleichwohl die Komplexität dieser Struktur und die Mannigfaltigkeit der Bedeutungsinhalte keineswegs erschöpft.

Bei einer ersten vorläufigen Analyse enthält der Terminus „Ideologie" zwei Hauptbedeutungen: sie ist *erstens* eine Weltanschauung und das mit dieser verbundene praktische Verhalten, *zweitens* ein falsches Bewußtsein von der Wirklichkeit in einer bestimmten sozialen Funktion. Es gibt noch eine dritte, aber periphäre Bedeutung von Ideologie, von der Umberto Eco gesprochen hat, nämlich als von „einer durch die Sprache bedingten Weltsicht", und zwar in dem Sinne, daß durch die Sprache eine Konzeption der Wirklichkeit hervorgerufen wird. Es handelt sich dabei aber um eine nicht zu verallgemeinernde Bedeutung, da die Ideologie nicht allein auf eine Tatsache und ebensowenig auf eine sprachliche Konditionierung zurückzuführen ist, obwohl die Sprache unleugbar ihren Anteil am Ideologisierungsprozeß hat und also in der Bestimmung der begrifflichen Struktur von Ideologie nicht außer acht gelassen werden kann.

Um die von uns unternommene Ideologie-Analyse zu vertiefen, erscheint es uns nützlich, auf die ausführlichen Studien zurückzugreifen, die ihr Karl Mannheim (1893-1947) in seinem berühmten Buch „Ideologie und Utopie" von 1929 gewidmet hat. Dieser Autor unterscheidet bekanntlich verschiedene Formen ideologischen Denkens, nachdem er die Unklarheiten hervorgehoben hat, die sich darin verbergen. Es gibt, wie er sagt, einen partikulären und einen totalen Ideologiebegriff. Mit dem ersten will man einen Zustand des Zweifels oder der Skepsis gegenüber den von unserem Gegner vorgebrachten Ideen bezeichnen, man hält sie dann für mehr oder minder bewußte Verhüllungen eines Tatbestandes, dessen wahre Erkenntnis nicht im Interesse des Gegners liegt. Es kann sich hierbei um eine ganze Skala, von der bewußten Lüge bis zur halbbewußt instinktiven Verschleierung, von der Fremdtäuschung bis zur Selbsttäuschung handeln.

Aber es gibt auch eine umfassendere und totalere Auffassung von Ideologie; das ist die eines Begriffsapparats (Meinungen, Urteile, Systeme, Ideale), der ein ganzes Zeitalter oder eine historisch-gesellschaftlich konkret bestimmte Gruppe in ihrer totalen Bewußtseinsstruktur charakterisiert. Es handelt sich in diesem zweiten Falle um eine von einer sozialen Seinslage bestimmte „Weltanschauung".

Das Gemeinsame dieser beiden Ideologiebegriffe, so führt Mannheim aus, scheint nun darin zu bestehen, daß sie den intendierten Gehalt (die Idee des Gegners) nicht durch eine direkte verstehende Versenkung in das Gesagte zu erfassen versuchen. Man muß in jedem Fall zum Subjekt zurückgehen, sei dieses ein Individuum oder eine Gruppe, und seine konkrete Situation, durch die Analyse seiner gesellschaftlichen Bedingungen, feststellen. Die vom einzelnen ausgedrückten Ideen werden so als das Ergebnis seiner gesellschaftlichen Seinslage betrachtet. Das bedeutet, daß die Meinungen, Feststellungen, Objektivationen nicht in ihrem Eigenwert verstanden werden, sondern im Lichte der partikularen Situation dessen, der sie ausspricht.

Der totale Ideologiebegriff wird von Mannheim in „speziell" und „allgemein" unterteilt. In der ersten Bedeutung handelt es [...] ner um den Gedanken des Gegners, sofern er nicht nur hinsi[...] haltes bedingt ist, sondern auch bezüglich der Methode, so daß [...] gar nicht erkennbar ist; im zweiten Sinne handelt es sich nich[...] Denkstandort" des Gegners, sondern auch um den eigenen, der [...] t und relativ erscheint. Substantiell ist für Mannheim die Ideolo[...] partikularen oder im totalen Sinne aufgefaßt, sei sie allgemein[...] *in gesellschaftlich bedingter gedanklicher Apparat;* es ist die sozial[...] ubjekts, welche Ansichten, Institutionen, Interpretationen etc.

Streng im Umkreis marxistischen Denkens prägt und ent[...] husser (geb. 1918) seine Auffassung von Ideologie. Diese ist in [...] „Freud und Lacan" enthalten, und ihre spezifische Charakteristi[...] einer Zurückführung auf die Freudsche Theorie des Unbewußten. [...] versucht eine Deutung des Marx-Engelsschen Denkens in der „De[...] Ideologie" in einer Weise, die von einer — wie er sagt — positivis[...] historischen Interpretation völlig abweicht. Seine Interpretation will grundsätzlich eine „Theorie der Ideologie im allgemeinen" sein und nicht eine Theorie der Ideologien, die in dieser oder jener Form (religiös, moralisch, juridisch) Klassenpositionen ausdrücken.

Während nun für Althusser die partikularen Ideologien eine je eigene Geschichte haben, die auf der Geschichte der gesellschaftlichen Gruppierungen basiert, hat die Ideologie (wie sie aus der Theorie der Ideologie im allgemeinen und nicht aus den Theorien der partikularen Ideologien resultiert) keine Geschichte, und sie hat sie deshalb nicht, weil sie strukturell und funktional eine ahistorische Realität darstellt, d.h. eine „allgeschichtliche" Wirklichkeit, da diese Struktur und diese Funktion in ein und derselben Form unveränderlich und in der sogenannten Universalgeschichte allzeit gegenwärtig sind; und deshalb kann man sie in Beziehung setzen zu der These Sigmund Freuds, wonach das Unbewußte zeitlos ist, und zwar in dem Sinne, daß es keine Geschichte hat, weil es allgegenwärtig, unveränderlich, übergeschichtlich ist.

Die Behauptung, daß die Ideologie keine Geschichte hat, so sagt Althusser, ist auch bei Marx vorhanden, aber es handele sich dabei um eine „negative" Auffassung, da die Ideologie in der „Deutschen Ideologie" von Marx und Engels als Traum, als imaginäres Gebilde, als bloße Traumspur der einzigen, ungekürzten und positiven Wirklichkeit der konkreten und körperlichen Individuen aufgefaßt wird; dagegen will unser Autor sie in einer „absolut positiven" Weise aufgefaßt wissen, indem er gerade auf die Analogie mit dem Freudschen Unbewußten hinweist, und zwar im Kontrast zu dem „Traum" jener vorfreudschen Autoren. So verstanden wäre die Ideologie das Ergebnis der Darstellung einer imaginären Beziehung der Individuen mit ihren eigenen realen Existenzbedingungen, eine Beziehung also, die nicht der Wahrheit entspricht, sondern falsch ist und verformt wird durch das System der menschlichen Produktionsverhältnisse. Laut Althusser existiert diese Darstellung nicht nur im idealen, noologischen Zustand, sondern sie materialisiert sich in einer Praxis, in einem Ritual, in einem materialen ideologischen Apparat, der materiale Handlungen vorschreibt, die durch ein materiales Ritual geregelt werden, und diese Handlungen bestehen in den materialen Akten eines Subjekts, das in vollem Bewußtsein seinem eigenen Glauben gemäß handelt. So geschieht es, daß der ideologische Apparat die Individuen, die „Subjekte" unterwirft, wie Althusser sagt; d.h. die Ideologie wirkt oder funktioniert derart, daß sie Subjekte unter den Individuen „rekrutiert", sie alle umformt mittels dieses sehr präzisen Verfahrens, das wir „interpellieren" nennen. Und das Interpellieren ist genau der Vorgang, durch den die Subjekte der Ideologie unterworfen werden mittels der Apparate dieser Ideologie, von denen wir später (im fünften Kapitel) handeln werden.

Der Ideologiebegriff Althussers, den wir hier aufs äußerste verkürzt und verdichtet haben, um nicht den reichlich komplizierten Gedankengang des Autors wiedergeben zu müssen, gipfelt in der Auffassung, daß die Ideologie falsches Bewußtsein und Lüge sei, denen die Subjekte ideell und materiell (also im Denken und im Handeln) unterworfen sind, und eine solche Auffassung hat dann das Verdienst, daß sie die „praktischen" Inhalte, die sie kennzeichnen, in den Vordergrund rückt, allerdings nicht in dem Sinne, daß diese Inhalte jene praktische Absicht zum Ursprung hätten, wie *wir* meinen, sondern so, daß diese „Praktizität" alles andere überdeckt, insofern sie sich in Ritualen, Handlungs- und Verhaltensweisen überlagert und ausbreitet. Am Anfang der Ideologie steht daher der entfremdete Zustand des Menschen in der Klassengesellschaft, in der Welt der kapitalistischen Produktion, welche die Ideologie hervorbringt, um sich zu erhalten und zu reproduzieren und auf diese Weise die Ausbeutung des Menschen durch den Menschen aufrechtzuerhalten.

Welche Rolle dabei das kritische, nichtideologische Denken spielt (jenes Denken also, das nicht durch die materielle Produktion bedingt ist), und wie es in Wahrheit in einer so entschieden deterministischen Auffassung wie der Althussers überhaupt hervortritt, bleibt dunkel, da hier *alle* Subjekte ideologisch unterworfen werden und mit der Ideologie im Gleichschritt marschieren. Es gibt zwar „üble Subjekte", räumt Althusser ein, die den repressiven Apparat stören, jedoch wie und wer sie sind und werden, und warum sie so sind (d.h. von der Ideologie *befreite* Subjekte), erklärt Althusser nicht, und er kann es auch nicht erklären, solange die Ideologie nur der Reflex der Produktionsverhältnisse ist, so daß es, wenn diese Struktur nämlich deterministisch gegeben ist, gar kein anderes Denken und gar kein anderes Bewußtsein geben kann. Doch wir werden im folgenden diese Frage näher betrachten.

Eine andere Ideologieauffassung, die erwähnenswert ist, weil sie außerhalb des marxistischen Denkumkreises entstanden ist, ist die im Werk von Ernst Topitsch (geb. 1919) „Wozu dient die Ideologie?" enthaltene. Man kann Topitsch der Denkrichtung des logischen Neopositivismus zuordnen, obwohl er in mancher Hinsicht mit ihr nicht gleichzusetzen ist. Sein Ideologiebegriff besteht nachdrücklich auf der verfälschenden Funktion der Sprache, die in mehreren Richtungen wirkt: einmal, indem sie Argumente aus der menschlichen Welt in die natürliche Welt projiziert; ein anderes Mal, indem sie logische Kunstgriffe und Tautologien ertüftelt, die sich der greifbaren Kontrolle entziehen. Auf diese Weise wird die Ideologie eher als „falsches Denken" charakterisiert denn als „falsches Bewußtsein" in marxistischem Sinne.

Der Begriff Ideologie, so wie er sich jetzt für uns auf der Grundlage des Denkens von Mannheim, Althusser und nun von Topitsch immer mehr präzisiert hat, bedeutet also stets eine durch Motivationen und Zwecke praktischer Ordnung aufgerichtete „Auffassung von der Wirklichkeit", mithin eine von der Praxis bestimmte Theorie. Diesen praktischen Charakter müssen wir im folgenden genau klären, weil diese „Praktizität" sich nicht nur in der Gesellschaft verwirklicht, sondern auch psychologisch motiviert ist, und zwar in Gestalt von nicht nur individuellen, sondern auch kollektiven Verhaltensweisen (wie z.B. den von Althusser als materielle Auswirkung der Ideologie angeführten).

Aber ehe wir mit dieser Ausweitung des Bedeutungsgehaltes von Ideologie fortfahren, ist es notwendig, die Beziehung genau abzugrenzen, die zwischen *Ideologie* und *Erziehung* besteht und die aus der Beziehung zwischen *Ideologie* und *Pädagogik* hervorgeht.

Allein schon die Tatsache, daß wir Ideologie als ein gesellschaftlich bedingtes Gedankensystem definieren, zieht die Erziehung, die grundsätzlich eine gesellschaftliche Praxis ist, in Mitleidenschaft.

Wenn man die Erziehung als eine Tätigkeit der Vermittlung betrachtet, welche eine Gruppe, eine Gesellschaft, eine Institution ausübt, um durch sie die Erhaltung und die Vermehrung des eigenen Kulturbesitzes zu sichern, wird die Erziehung zu einem Organ der Vermittlung und der Erzeugung von Ideologien. Aber nicht nur dies; die Erziehung kann auch der Ort sein, wo sozusagen die Ideologien verfestigt werden, und zwar in dem Sinne, daß sich die Erziehung vermittelnd einschaltet, um die Ideologie der Gruppe und der Institution zu bestärken oder sie gar einzuhämmern. Aus diesem Grunde hat Louis Althusser, wie wir später ausführlich zeigen werden, die Schule als einen

„ideologischen Staatsapparat" bezeichnet, als eine Kraft der Unterwerfung und der Unterdrückung, welche sich just durch die Erziehung auswirkt. Wir halten dem entgegen — und die Gründe für diesen Einwand wird man im folgenden besser sehen —: „das kann sein", wobei wir allerdings gleich hinzufügen, daß sie genauso auch der Kampfplatz sein kann, auf dem die Ideologien sich begegnen und aufeinanderstoßen, und genauso kann sie auch die Walstatt der kritischen Analyse und einer prüfenden Verifizierung sein. Das aber hängt von der Art von „Pädagogik" ab, welche die Erziehung beseelt, von der Idee, die in ihr wirksam ist und in ihrem Innern kreist, von dem Geist, der sie regiert, mit anderen Worten: von der Beziehung, die zwischen Ideologie und Pädagogik herrscht.

Wir sehen uns also genötigt, die Beziehung zwischen Ideologie und Pädagogik als Problem aufzuwerfen und es in seinen vielfältigen Verknüpfungen und Verflechtungen zu betrachten. Das setzt freilich eine kritische Klärung des Begriffs von Pädagogik selbst voraus, um ergründen zu können, ob die Pädagogik (und, wenn ja, welche Pädagogik) über die geeigneten Mittel und Strukturen verfügt, um sich von der Ideologie zu befreien und die Erziehung von ihr freizumachen. Es gilt auch, sich zu vergewissern, unter welchen Bedingungen diese Möglichkeit besteht, wobei wir unter „Bedingungen" die geschichtlich-reale und politisch-gesellschaftliche Situation verstehen.

Welches ist also die epistemologische Struktur der Pädagogik?
Welche logisch-begriffliche Gestalt hat sie?

Obwohl wir an anderer Stelle[1] eine Antwort auf diese Frage gegeben haben, die wir als erschöpfend betrachten, ist es in Hinsicht auf den hier entwickelten Gedankengang notwendig, mit aller Entschiedenheit zu betonen, daß die Pädagogik, wenngleich sie keine ausschließlich philosophische Wissenschaft ist, auf keinen Fall eines kritischen und problematisierenden Beitrags von seiten des philosophischen Denken her entraten darf. Die Rolle der Philosophie innerhalb der epistemologischen Struktur der Erziehungswissenschaft ist in der Tat nicht wegzuleugnen. Gewiß ist eine vom philosophischen Denken unabhängige Pädagogik möglich (und in der Geschichte können wir sie auch antreffen), aber in diesen Fällen ist die Aufgabe der Philosophie von anderen noologischen Systemen, genauer gesagt: von der Theologie, von der Politik, von der Ideologie übernommen worden (mit allen Konsequenzen, die diese Übernahme mit sich bringt).

---

1. Es sei hier vor allem auf folgende Bücher des Autors verwiesen: *La problematica della nuova educazione*, Messina 1953; *Personalismo pedagogico*, Roma 1957; *La pedagogia contemporanea e il personalismo*, Roma 1961; *Personalismo senza dogmi*, Roma 1972; *La filosofia marxista dell'educazione*, Messina 1976; *La filosofia contemporanea dell'educazione*, Roma 1979.
(Diese und alle folgenden Anmerkungen stammen von den Übersetzern.)

Worin besteht die Rolle einer Philosophie der Erziehung? Diese Rolle kann in drei verschiedenen Funktionen gesehen werden:
1. in einer kritischen Funktion gegenüber aller geschehenden Erziehung und im Hinblick auf neue erzieherische Möglichkeiten, um eine Erziehung zu entwerfen, die den von der Menschheit im Lauf der Geschichte zum Ausdruck gebrachten Forderungen und Erwartungen entspricht;
2. in einer Funktion der Organisation und Systematisierung jener theoretisch-praktischen Synthese der Pädagogik, insofern diese in einer kritischen Aufarbeitung der Daten besteht, die von jenen Wissenschaften und Techniken geliefert werden, welche den interdisziplinären Bestand der Pädagogik ausmachen;
3. in einer Funktion der kritischen Überprüfung der axiologischen und teleologischen Prinzipien der Erziehung, d.h. ein kritisches Herangehen an die Problematik der Werte und Ziele der Erziehung.

Dank dieser dreifachen und doch eine Einheit bildenden Funktion wirkt die Philosophie innerhalb der Pädagogik als jene Form des Denkens, welches die Ideologie zur Diskussion stellt, sie der Kritik unterzieht und über sie hinausgeht, obwohl in verschiedener Hinsicht auf ihr basierend. Philosophie und Ideologie bestehen beide aus einem noologischen Apparat; sie sind Auffassungen von der Wirklichkeit und vom Leben, Ideen- und Wertsysteme, von denen Normen für das Handeln ausgehen. Und dennoch besteht zwischen Philosophie und Ideologie eine unüberbrückbare Kluft, und die Ideologie ist durch Merkmale gekennzeichnet, die genau das Gegenteil davon darstellen, was die wahre Philosophie ausmacht.

Gibt es also eine Eigentümlichkeit der Ideologie, welche von einer wahren (d.h. einer ihrem Begriff gemäßen) Philosophie abgestreift bzw. überstiegen wird? Es gibt ein solches *proprium,* und wir müssen es ausfindig zu machen suchen.

Mannheim erkennt, wie wir bereits angedeutet haben, auf der Grundlage des marxistischen Denkens das Eigentümliche der Ideologie darin, daß sie Funktion einer gesellschaftlichen Seinslage ist im eben von Marx bezeichneten Sinn, wenn dieser Prinzipien, Ideen, Kategorien auf gesellschaftliche Produktionsverhältnisse zurückführt. In dem partikularen Ideologiebegriff ist diese Funktionalisierung psychologisch, in dem totalen und allgemeinen ist sie dagegen noologisch. Aber offenbar läßt sich dasselbe auch von der Philosophie behaupten, so daß der Unterschied zwischen dieser und den Ideologien eingeebnet würde. In Wirklichkeit ist es auch vom marxistischen Standpunkt aus schwer, Philosophie und Ideologie auseinanderzuhalten; wenn es dort einen solchen Unterschied gibt, könnte man ihn allenfalls darin sehen, daß die Philosophie die Ideologie in ihrem Entstehen ist und die Ideologie eine schon entstandene Philosophie darstellt, wenn es zutrifft, daß die eine wie die andere, Philosophie ebenso wie Ideologie, nur den „Überbau" jener einheitlichen und grundlegenden Basis ausmachen, die von den materiellen Produktionsverhältnissen gebildet wird.

Wir wollen jedoch, unbeschadet der Tatsache, daß die Philosophie eine der theoretischen und historischen Quellen der Ideologie ist, zwischen Philosophie und Ideologie unterscheiden und der ersteren ein spezifisches, problematisierendes und hermeneutisches — und als solches nicht auf Ideologie zurückführbares — Gepräge zuschreiben.

Das setzt aber unvermeidlich voraus: a) das Herunterholen der Philosophie von jener Überbau-Ebene, auf die der Marxismus sie durchweg stellt, b) die Überwindung der marxistischen Auffassung von der gesellschaftlichen Bedingtheit als *proprium* der Ideologie, indem man den Begriff der Bedingtheit so erweitert, daß zwar die gesellschaftliche Bedingtheit in ihn eingeht, er aber sich nicht in dieser erschöpft.

Der erste Gesichtspunkt führt uns unmittelbar an das Problem der Beziehung zwischen Basis und Überbau heran, welches bekanntlich den Architrav des marxistischen Theoriegebäudes darstellt. Wir haben damit ein Problem vor uns, das nicht nur Nicht-Marxisten Mühe bereitet hat und noch bereitet, sondern auch und ganz besonders den Marxisten selbst, und das schon seit den Zeiten von Marx und Engels. Der italienische Politologe Antonio Gramsci (1891—1937) hat dieses Problem besonders deutlich gesehen, und in seinem Bemühen, über die rigide positivistischen und streng deterministischen Deutungen des Marxismus, wie er sie mit Recht kritisierte, hinauszugelangen, versuchte er, Basis und Überbau eine viel feinere Rolle zuzuschreiben und das ideelle Moment in der historischen Dialektik viel schwerer zu gewichten, wenn er beispielsweise von „organischer Verknüpfung", von strukturellem und überstrukturellem „Moment" und schließlich von der „Einheit von Praxis und Theorie" sprach. Nun kann man aber in gewisser Weise dieses ideelle Moment, von dem Gramsci spricht, von der Philosophie repräsentiert und in ihr kristallisiert verstehen, daß es eben nicht Ideologie ist, sondern kritisches Bewußtsein der Realität und die Ideologie grundsätzlich übersteigend. Die Philosophie wirkt bestimmend, während die Ideologie bestimmt wird. Um aber wirklich den Begriff der „Positivität" des ideellen (philosphischen) Moments zu erhalten, muß man der Philosophie zwangsläufig Autonomie und Unbedingtheit zugestehen, indem man sie von der Ebene des Überbaus herabhebt und auf die (im wahrsten Sinne des Wortes „Basis") strukturelle Ebene stellt, sei es auch in organischer Beziehung zu anderen Strukturen, und zwar gemäß einer Dialektik von Einheit und Unterschiedenheit. Weder Gramsci noch andere Marxisten gelangen freilich zu diesem Schluß, der nicht nur eine innere Revision des Marxismus bedeuten würde, sondern ein Darüber-Hinausgehen und somit eine Position jenseits der marxistischen Rechtgläubigkeit.

Die Philosophie aber kann, falls man sie wirklich von der Ideologie unterscheiden, d.h. als unabhängig von gesellschaftlicher Bedingtheit ansehen will, gar nicht anders gefaßt und ausgestaltet werden, es sei denn als selbständiges Wissen, das sein Gesetz in sich und nicht außer sich trägt; sie wird aus dem reinen Denken geboren, und sie hat ihren Ursprung in der Theorie und nicht außerhalb dieser. Gleichwohl kann die Philosophie, da sie sich in der Geschichte verwirklicht und in der Geschichte verankert ist, nicht in einer Sphäre absoluter Unabhängigkeit angesiedelt werden, sozusagen in einem elfenbeinernen Turm, der sie dem Gang und den Stürmen der Geschichte entzöge. Die Philosophie ist eine menschliche Hervorbringung, und als solche ist sie eingewoben in das wechselvolle Geschick der Menschheit; darum muß man sie in eine solche Beziehung zur Geschichte und zu den Bedingtheiten der Geschichte (und des Lebens) stellen, die es ihr ermöglicht, zu gleicher Zeit historisch determinierend und determiniert zu sein, mithin in eine Beziehung, welche von der Ideologie abgelehnt wird, und zwar deshalb, weil diese, wie wir gleich sehen werden, ihrem Wesen nach starr und undialektisch ist. Hier liegt genau der Grund, weshalb die Philosophie die Ideologie übersteigt: diese hängt von der gesellschaftlichen Situation ab und ist von dieser bedingt; jene hängt auch von der gesellschaftlichen Situation ab, ist aber nicht von ihr bedingt.

Die Ideologie ist der Praxis unterworfen, die Philosophie steht in dialektischer Beziehung zur Praxis. Daraus folgt, daß die Philosophie die Ideologie transzendiert, indem ihr noologisches Vorgehen als solches es ihr erlaubt, sich außerhalb und oberhalb der Ideologie zu stellen. Aber vom unterschiedlichen Vorgehen von Ideologie und Philosophie sprechen wir später; im Augenblick müssen wir die zweite Voraussetzung des von uns behaupteten Unterschiedes zwischen Philosophie und Ideologie deutlich machen.

Die marxistische Lehre betrachtet, wie wir es bei Mannheim gesehen haben, die Ideologie im totalen Sinne als eine gesellschaftlich bedingte Lebensauffassung. Ohne diesen Aspekt abzulehnen, haben wir doch auf die Notwendigkeit hingewiesen, einen weiteren Horizont abzustecken, in dem man den Ausgangspunkt des ideologischen Denkens verorten kann. Der gesellschaftliche Aspekt schöpft unserer Meinung nach nicht das gesamte Feld der Praxis aus; in der Zurückführung der gesamten Praxis auf die Tatsache Gesellschaft besteht ja gerade der fehlerhafte Reduktionismus, dessen sich der Marxismus schuldig macht. Die Praxis, verstanden als der Bereich, in dem sich das menschliche Handeln entfaltet und in dem der menschliche Wille wirkt, umfaßt ja nicht nur die *conditio humana* unter der Perspektive des Verhältnisses zum anderen im Sozialkörper und in der Produktion, sondern auch jene Beziehungsformen, die sich in der Zweiheit und in der interpersonalen Mannigfaltigkeit ausdrücken, sich informell und spontan artikulieren, sentimental, affektiv, instinktiv sein können und in Form von Gefühlen, Impulsen, Interessen in Erscheinung treten. Es ist diese Praxis, auf die man zurückgehen muß, um jene Bedingtheiten des Denkens zu erkennen, welche die Substanz der ideologischen Denkstruktur bilden. Die Ideologie erscheint daher als ein praktisch bedingter noologischer Apparat (im eben bezeichneten Sinne): Gefühle, Emotionen, Triebe, Interessen bedingen das Denken, sie unterwerfen es sich selbst und kontaminieren und verstellen auf diese Weise das Feld der Theorie. Daraus geht hervor, daß die Ideologie sich der Dialektik von Theorie und Praxis entzieht; sie verläuft in einer einzigen Richtung, ohne Möglichkeit zur Umkehr; sie bewegt sich von der Praxis zur Theorie, ohne Wechselwirkung. Die Ideologie ist infolgedessen verkehrtes und entfremdetes Denken, eine instrumentalisierte, vom Willen und damit von seinen Motiven bedingte „Theorie". Aus diesem logischen Status der Ideologie gehen auch ihre anderen Wesenszüge hervor, die ihr *proprium* bestimmen und sie von der Philosophie unterscheiden, wie wir sogleich sehen werden.

Das Undialektische der Ideologie, d.h. ihre Nichtumkehrbarkeit, zieht ihren statischen Charakter nach sich, der dann in einer *stricto sensu* logischen Weise ihre Abstraktheit ausmacht, d.h. jenen fehlenden Kontakt mit der Bewegung des Denkens und mit seiner Tendenz, sich getreu an die geschichtliche Wirklichkeit zu halten, welche beständig Beugung und Veränderung ist. Daraus folgt unausbleiblich, daß die Ideologie eine große Vorliebe für definitive Endgültigkeit und erschöpfende Umfassendheit hat und sich auf den Dogmatismus desjenigen stützt, der sie behauptet, sei dies ein Individuum oder eine soziale Gruppe. Daher kommt es auch, daß die Ideologie in der Regel in blindem Glauben bekannt und gelebt und somit von einer Art religiösen Gefühls gespeist wird. Als solche aber ist sie der Nährboden von Intoleranz, Aberglauben und Fanatismus.

Die Form echten philosophischen Denkens zeigt dagegen einen völlig anderen Charakter. Dieses Denken qua kritisches Denken erkennt seine Vorläufigkeit und Unabschließbarkeit grundsätzlich an; der Akt, dem es entspringt, ist nicht blinder Glaube, sondern bewußte Anerkennung, belebt und angetrieben von der Liebe zum Wissen, von der Leidenschaft des Forschens, vom Drang nach Erkenntnis, und diese verlangen unablässig nach überzeugendem Beweis, kritischer Überprüfung, kompromißloser Verifizierung, und sie zwingen das Denken, seine Ergebnisse zur Diskussion zu stellen und jede vorschnelle Gewißheit in Zweifel zu ziehen. Darin besteht ja gerade der *kritische* Charakter des philosophischen Denkens, daß es keine endgültigen Wahrheiten gibt, die der Diskussion entfliehen und sich der Konfrontation mit der Wirklichkeit, die sich fortwährend bewegt und verändert, entheben könnten. Das philosophische Denken ist deshalb nie erschöpfend und nie endgültig, nie abgeschlossen und nie definitiv; es ist ein unendlich „offenes" Denken, das auf sich selbst aufbaut, ein Denken, das weit über das hinausgeht, was erworben und bestimmt ist im Hinblick auf weitere Erwerbungen und Bestimmungen; ein Denken, das keine Abgeschlossenheit und keine Erstarrung zuläßt. Daher könnte man den Unterschied zwischen Philosophie und Ideologie zurückführen auf den Unterschied zwischen „offenem" und „geschlossenem" Denken, zwischen in Fluß befindlichem und zu starrer Form kristallisiertem Denken und schließlich auf den Unterschied zwischen Skepsis und Dogma.

Die Unterscheidung zwischen fließendem und verfestigtem Denken bedarf einer näheren Präzisierung, da eine solche Unterscheidung Gefahr läuft, dann ihren Sinn zu verlieren, wenn man sich vergegenwärtigt, daß kein Denken (das philosophische einbegriffen) sich in absoluter Vorläufigkeit und Unbestimmtheit ergehen kann. Wenn es sich wirklich so zum Ausdruck brächte, würde es sich im Augenblick seiner Äußerung schon in nichts auflösen; es wäre gar nicht imstande, sich überhaupt als Denken zu konstituieren und Bestand zu haben, noch könnte es irgendeine Auswirkung auf die Realität ausüben, keine tätig-verändernde und nicht einmal nur eine deutend-hermeneutische. Daraus folgt ja, daß auch das philosophische Denken Gestalt gewinnen muß. Der Philosoph selbst, sei er noch so kritisch und sehe er gleich alles problematisch, muß notgedrungen ein „Anhänger" seines eigenen Denkens werden, er muß in dieser oder jener Weise daran glauben und es vertreten. Wenn er sein Denken mitteilt, bekennt er sich dazu, und wenn er es anderen nahebringt, hängt er ihm an.

Sic stantibus rebus, gleitet dann die Philosophie nicht zwangsläufig in die Ideologie ab? Wie soll man beide dann noch voneinander unterscheiden? Und welchen Sinn hat eine solche vermeintliche Unterscheidung? Warum sprechen wir also von offenem und geschlossenem Denken, wenn wir feststellen müssen, daß das Denken auf Geschlossenheit drängen muß, will es sich nicht gänzlich verflüchtigen und in nichts auflösen?

Alle diese Fragen verlangen nach einer genaueren Wesensbestimmung des philosophischen im Gegensatz zum ideologischen Denken. Um diese zu leisten, genügt es, das Augenmerk auf den von Grund auf dialektischen Charakter des philosophischen Denkens zu richten und auf der anderen Seite den grundsätzlich undialektischen Charakter des ideologischen Denkens herauszuheben. Es geht um den dialektischen Charakter des philosophischen Denkens, von dem in diesem Sinne nicht so sehr Hegel als vielmehr Platon gesprochen hat, der bekanntlich die Dialektik eng an den *Eros* bindet, d.h. an die Liebe zum Forschen und zum Wissen, welche die Seele der Philosophie ausmacht. Das philosophische Denken ist dialektisch, denn sein Charakteristikum ist die Gedankenbewegung und jenes Forschen, das den menschlichen Geist vorantreibt und beflügelt. Diese Dialektik macht die Philosophie zu einem Denken, das zwar schließt, aber gleichzeitig öffnet, das sich zwar verfestigt, sich aber in dem Moment, da es feste Gestalt gewinnt, schon zu einem neuen kühnen Sprung nach vorn rüstet. Die Ideologie dagegen meidet die Dialektik; sie ist, wie schon gesagt, starr; ihre Berufung liegt in der Abgeschlossenheit und im Definitiven; ihre Liebe gilt nicht der Skepsis, dem beharrlichen Forschen und der eindringlichen Reflexion, sondern sie zielt auf das Dogma als gerade der Reflexion, dem Zweifel und dem suchenden Forschen entzogene Aussage. Daraus folgt, daß die Ideologie immer dogmatisch ist; die Ideen, zu denen sie sich bekennt, sind „absolute Wahrheiten", unantastbare Normen. Es gibt keine Wahrheiten, die neben und außerhalb jener stünden, welche der Ideologe vertritt; es gibt nur „seine" Wahrheit, die gemeinverständlich gemacht, verbreitet, abgestützt und vertieft werden muß, selber aber unantastbar und unempfänglich für andere Wahrheiten ist. Das Denken des Ideologen ist daher stets monologisch, niemals dialogisch. Es ist der Monolog eines Individuums, einer Gruppe, einer gesellschaftlichen Klasse, — in sich selbst geschlossen und hinter der eigenen ausschließlichen und ausschließenden Wahrheit verschanzt.

Es läßt sich nicht leugnen, daß ein solches Verhalten dem ideologischen Denken eine außerordentliche Kohäsions- und Inzisionskraft gegenüber der Wirklichkeit verleiht, und zwar aus dem einfachen Grunde, daß die Festigkeit, die es kennzeichnet, es widerstandsfähig, hartnäckig und zäh macht. Es ist sehr schwer, einen Ideologiegläubigen von seinem Standpunkt abzubringen, und daher ist es äußerst mühsam, die Ideologien aus dem Bewußtsein auszureißen, wie unheilvoll und verderblich sie auch immer sein mögen. Der Ideologe verschleiert zudem mit seiner bedingungslosen und leidenschaftlichen Hingabe an die Ideologie oft seine geistige Armut, seine Unfähigkeit, Probleme zu stellen und Lösungen zu suchen, und entsprechend bevorzugt er die von seinen Autoren verkündeten und gepriesenen Probleme und die von jenen als endgültig richtig ausgegebenen Lösungen.

Nachdem wir so den Charakter von Philosophie und Ideologie und den Unterschied zwischen beiden erhellt haben, können wir hier diesen Exkurs abschließen und das Problem des Verhältnisses von Ideologie und Pädagogik wieder aufnehmen. Es ist gesagt worden, die Pädagogik käme gar nicht ohne Ideologie aus, da die Erziehung immer einen begrifflichen Apparat von Ideen, Normen, Werten, Zwecken, Urteilen usw. braucht, auf den sie sich mit sicherer Gewähr beziehen kann. Man hat darin eine unmittelbare Folge dessen gesehen, was man als die geschichtlich-gesellschaftliche Gebundenheit der Pädagogik bezeichnen kann. Eine Epoche, eine gesellschaftliche Gruppe, eine Nation, ein Staat, eine Partei, eine Kirche, aber auch eine Familie und ein Individuum (und daher jede Familie und jeder einzelne) vertreten und aktualisieren immer eine Pädagogik in dem Sinne, daß sie Träger einer bestimmten „Auffassung von Erziehung" (und damit auch der praktischen Auswirkungen dieser Auffassung) sind: ein Begriff von Erziehung, der aus jener Kultur entliehen ist, mit der jeder der obengenannten Organismen eng verbunden ist, unbeschadet der inneren Artikulationen und kapillaren Verzweigungen, die jeder einzelne Organismus aufweist. Wo befindet sich nun die Pädagogik innerhalb dieser Kulturwelt? Ist sie es, die jenen Begriff von Erziehung bestimmt und zur Wirkung bringt, oder ist es die Kultur, welche (unabhängig von der Pädagogik) der Erziehung Vorschriften macht? Und wie steht es um die „Präsenz" der Pädagogik im Hinblick auf jene Kulturwelt?

Als Antwort auf die von uns gestellten Fragen läßt sich sagen, daß die Erziehung *mit oder ohne* Vermittlung einer Philosophie der Erziehung ihre Prinzipien aus der Kultur (und ihren einzelnen Organen) entleihen kann. Das eine oder das andere hängt von dem Charakter ab, den die Pädagogik annimmt. Es gibt in der Tat eine Pädagogik, die kritisch in der Kulturwelt zu vermitteln und in ihrem Inneren zu wirken vermag, gemäß jener Funktion, die wir oben verdeutlicht haben: es ist die von der Philosophie beseelte Pädagogik. Und es gibt eine Pädagogik, die über keine solche vermittelnde Kraft verfügt oder darauf verzichtet hat. Die Ideologie, die sich in der Kulturwelt einnistet, hat in diesem Fall Gelegenheit, die Erziehung zu beeinflussen und unter Umständen ganz zu beherrschen. So nimmt also die Pädagogik je nach ihrer theoretischen Substanz und nach ihrer epistemologischen Struktur ein anderes Verhältnis zur Ideologie ein.

Nun, es gibt unserer Meinung nach grundsätzlich drei Modalitäten für das Verhältnis, das die Pädagogik zur Ideologie einnehmen kann und dementsprechend drei typische Erscheinungsformen der Pädagogik im Hinblick auf ihre bestimmende und richtungsweisende Rolle gegenüber der Erziehung. Die erste stellt eine Unterordnung der Pädagogik unter die Ideologie dar. Man erhält auf diese Weise systematisch und/oder historisch diejenigen Richtungen, die man als *ideologische Pädagogik* bezeichnen kann: die Pädagogik nährt sich aus der Ideologie und dient ihr auf sklavische Weise. Sie beschränkt sich epistemologisch darauf, die gangbaren Wege, die Ausführungstechniken und die geeigneten Hilfsmittel herauszufinden und zur Verfügung zu stellen, um die ideologischen Gebote und Vorgaben in der Erziehungswirklichkeit durchzusetzen. Es handelt sich offensichtlich um eine philosophisch verarmte Pädagogik, der es an kritischen Absichten gebricht und der jede dialektische Herausforderung fremd bleibt. Der Pädagoge verhält sich hier wie der Ideologe, während der Erzieher zum gefolgstreuen Kämpfer, zum Proselyten, mitunter auch zum fanatischen Vollstrecker der Ideologie wird, stets bereit, sie in die Köpfe der Jugend einzuhämmern und ihr Bewußtsein damit zu durchtränken. Pädagoge und Erzieher, die sich zu derartigen Richtungen bekennen, sind im allgemeinen taub gegen jede Art pädagogischer Anregung von anderer ideologischer Herkunft, sie verweigern die Auseinandersetzung mit den verschiedenen Positionen, gegen die sie harte Verdammungsurteile schleudern, wobei sie selbst unweigerlich immer intoleranter werden. Der ideologische Erzieher lebt seinen Beruf nicht kritisch und frei und ist für andere und weiterführende erzieherische Möglichkeiten nicht aufgeschlossen.

Die zweite Form stellt ein Verhältnis reiner *Indifferenz* gegenüber den Ideologien im allgemeinen dar. Es handelt sich dabei um jene pädagogischen Richtungen, die wir „instrumentell" nennen können, insofern sie sich auf eine Theorie der Mittel bzw. Instrumente der Erziehung beschränken. Sie setzen zwar einen ideologischen Apparat voraus, auf den sie sich beziehen können (ein noologisches, axiologisches und kategoriales System), aber dieses steht quasi außerhalb ihrer wissenschaftlichen Struktur, und deshalb verhalten sie sich ihm gegenüber indifferent, da ihr auf eine bloße Theorie der Mittel geschrumpfter Charakter ein Urteil über die Annahme oder die Ablehnung jenes Systems gar nicht einschließt. Sie konzentrieren sich auf die Erforschung der Prozesse erzieherischen Handelns und seiner technischen Vollzüge und stellen ihre Forschung und die daraus hervorgehenden Ergebnisse grundsätzlich in den Dienst jeder beliebigen Ideologie. Der Pädagoge verhält sich in diesem Falle ideologisch neutral wie ein Ungläubiger (auch wenn auf dem Grunde seiner Seele ein fester Glaube ruht!), während der Erzieher grundsätzlich zum Praktiker und Techniker wird. Auf dieser Ebene stehen offensichtlich alle pädagogischen Richtungen, die sich als in strengem Sinne wissenschaftlich, experimentell und technisch ausgeben. Natürlich sind sie, genau besehen, nicht der Ideologie untergeordnet, wohl aber sind sie ihr ausgeliefert, sofern sie von ihr als Werkzeug benutzt werden (können). Der Erzieher und der Pädagoge, die diese Pädagogik praktizieren, kompromittieren sich nicht und riskieren nichts, und sie sind im Unterschied zu den Ideologen tolerant, wenngleich es sich auch nur um eine von Indifferenz getragene Toleranz handelt. Sie sind gegenüber neuen erzieherischen Möglichkeiten offen, freilich nur unter der Bedingung, daß sie Methoden und Mittel betreffen und durch die Wissenschaft verbürgt sind, zu der allein sie unbegrenztes Vertrauen zeigen.

Die dritte Form besteht in einer interaktiven, transaktionalen Beziehung zwischen Ideologie und Pädagogik. Die Pädagogik ist hier weder der Ideologie unterstellt, noch verhält sie sich ihr gegenüber indifferent, sondern sie interagiert, indem sie in einen dialektischen Kreislauf mit jener tritt. Es handelt sich um pädagogische Richtungen, die wir *dialektisch* nennen können; sie sind zwar an eine Ideologie gebunden, stehen mit ihr aber in einem solchen Verhältnis, daß sie, während sie ihr einerseits anhängen und sie aktualisieren, andererseits gleichzeitig sie beständig überprüfen und verifizieren; sie sind also sowohl zu ihrer kritischen Bestätigung als auch zu ihrer Revision und unter Umständen auch zu ihrer Ablehnung bereit. Dabei führt die mögliche Bestätigung nicht zu einer sklavischen und unbesehenen Annahme, sondern meint eine bewußte und kritisch begründete Zustimmung. Die Pädagogik wirkt gestützt auf die Ideologie, an die sie gebunden ist, aber sie ragt zugleich über sie hinaus, denn sie ist auch für andere Ideologien offen, sie hört auf deren Eingebungen und bleibt für deren Aussagen sensibel.

Der Pädagoge, der sich zur dialektischen Pädagogik bekennt, ist tolerant, für andere Stimmen aufgeschlossen, zum Dialog bereit, unzufrieden mit der eingenommenen Position und beständig neuem Suchen und Forschen zugewandt; seine Kritik richtet sich nicht nur gegen anderes, sondern auch gegen das eigene Denken; er maßt sich nicht an, die Wahrheit zu besitzen, sondern ist peinlich darauf bedacht, sie zu gewinnen; er hat Sinn für die Geschichte, aber ist auch bereit, sie zu überschreiten, und der findet schließlich Freude an der Utopie. Der Erzieher seinerseits sucht, indem er erzieht, neue Erziehungsmöglichkeiten; er ist nicht nur Vollstrecker strenger ideologischer Vorschriften, sondern der, der sie an der Wirklichkeit erprobt, um sie zu verifizieren, indem er ihre Bindung und Übereinstimmung mit dem geschichtlichen Augenblick ermißt, aber auch ihre Fruchtbarkeit im Hinblick auf die Zukunft in Erwägung zieht. Ein solcher Erzieher ist aufgeschlossen, demokratisch, liberal.

Unter welchen Bedingungen kann nun die Pädagogik in einem dialektischen Verhältnis zur Ideologie stehen, und kraft welcher Denkform ist es dem Pädagogen und dem Erzieher möglich, jene psychologische Einstellung, auf die wir soeben hingewiesen haben, zu erreichen und zu verwirklichen? Gewiß unter der Bedingung, daß sie sich von einem kritischen, dialektischen, problematisierenden Denken nährt, also genau von jenem Denken, das die Philosophie beseelt und belebt, jenem Denken, dessen Grundzüge wir in der Gegenüberstellung zum ideologischen Denken herausgestellt und dessen Natur wir mit wenigen Strichen gekennzeichnet haben. Die Gegenwart des dialektischen Vorhalts und des kritischen Sauerteigs der Philosophie befähigt die Pädagogik, mit der Ideologie in eine Wechselbeziehung zu treten, deren mehr oder weniger offenkundigen Mystifizierungen aufzudecken, und bringt sie in Stand, sich der ideologischen Konditionierung zu widersetzen.

Mit anderen Worten: der Pädagoge und der Erzieher, der sich die dem philosophischen Denken einwohnende kritische Einstellung zu eigen macht, lebt und verwirklicht die Pädagogik im Zeichen des Forschens und des Dialogs; die Pädagogik ihrerseits steht nicht im Dienste der Ideologie, aber sie bedient sich, wie gesagt, ihrer (indem sie in einer freien Beziehung zu ihr stehend wirkt), um der Menschheit die einzige Wirklichkeit zu garantieren, in deren Dienst zu stehen der Pädagogik wahrhaft zur Ehre gereicht: bessere und reichere Lebensmöglichkeiten auf dem ins Unendliche offenen Wege, auf dem der Mensch sich selbst entwirft und gestaltet.

2. Die ideologische Pädagogik

Der gemeinsame Nenner, auf den alle Richtungen der ideologischen Pädagogik gebracht werden können, ist ihre politische oder religiöse Inspiration. Aber was ist deren Grund? Was läßt das politische oder das religiöse Denken ideologisch werden?

Das politische Denken erwächst aus dem philosophischen Denken, aber sobald es zum Denken einer Gruppe (genauer gesagt: einer Partei) wird, beugt es sich den zufälligen Interessen dieser Gruppe und der „praktischen Tatsache" des Willens zur Macht. Daher rührt, daß das Denken von diesem Willen verformt und verfälscht wird und nach und nach die Eigenschaften des ideologischen Denkens annimmt. Die ideologische Pädagogik zieht ihre Anregung aus dem so verfälschten Denken und nimmt einen Parteinamen („faschistische", „nationalsozialistische", „kommunistische", „radikale" Pädagogik usw.) oder den einer religiösen Konfession an, sofern die Verfälschung im Zeichen einer Konfession geschieht („gegenreformatorische", „calvinistische", „protestantische", „jansenistische" Pädagogik usw.).

Alle diese pädagogischen Richtungen lehnen kritische und problematisierende Beiträge anderer Standpunkte ab, mit denen sie weder in Beziehung treten, noch ein dialektisches Verhältnis herstellen. Sie sind im Gegenteil auf anmaßende Weise in sich selbst abgeschottet, und sie geben sich selbstgenügend. Jede Einmischung von seiten anderer Doktrinen stellt für sie eine Kontamination und eine Verirrung dar; falls es doch dazu kommt, sprechen sie von „Abweichlertum" und/oder „Häresie", und ihre politisch und religiös mächtigen Vertreter (es handelt sich immer um pädagogische Richtungen, die Machtinstrumente sind und danach trachten, es zu bleiben) verdammen oder „exkommunizieren" die Abweichler und die Häretiker, weil sie sich schuldig machen, den Bestand eben dieser Macht zu gefährden.

Es ist selbstverständlich, daß solche pädagogischen Richtungen, auf die man im Laufe der Geschichte immer wieder stößt und die im dialektischen Spiel der Meinungen stets gegenwärtig sind, eine vorherrschende Rolle immer dann übernehmen und sich in ihrer paradigmatischen Form nur durchsetzen, wenn die ihnen zugrunde liegende Ideologie selbst Nutznießer der Macht und quasi zur „Staatsideologie" oder, genau genommen, zu einer Ideologie des „Regimes" wird, und das ist immer in bestimmten sozialen und geschichtlichen Situationen der Fall.

Wenn wir hier einige Erscheinungsformen ideologischer Pädagogik erläutern wollen, so bieten sich die folgenden wegen ihres emblematischen Charakters geradezu an: die nationalsozialistische Pädagogik, die faschistische Pädagogik, die sowjetische Pädagogik und — was die von der Religion inspirierten ideologischen pädagogischen Richtungen angeht — die katholische Pädagogik der Gegenreformation sowie die calvinistische Pädagogik.

Es ist sehr bezeichnend, daß die *nationalsozialistische Pädagogik* von Anfang an eine äußerst kritische Einstellung gegenüber den ihr vorausgehenden pädagogischen Richtungen und Positionen eingenommen hat; so bekämpfte sie besonders Herbart, der in einem gewissen Sinne die gesamte deutsche philosophisch begründete Pädagogik zusammenfaßt, und wenn sie Pestalozzi gelten ließ, dann nur deshalb, weil der Schweizer Pädagoge die unmittelbaren Kräfte des Gefühls und die emotionalen Beweggründe so sehr betont hatte, auf die die Nationalsozialisten ja ihre gesamte Erziehung so gerne bauen wollten.

Die Unterordnung der Pädagogik unter die politische Ideologie wird in diesem Klima besonders deutlich. Alfred Baeumler vertrat 1934 der ındpunkt, es gäbe kein menschliches Handeln, das nicht tendenziös wäre.[2] Jed. Handlung, sei sie wissenschaftlicher, künstlerischer oder politischer Art, ziele immer in eine Richtung. In der Kunst heiße die Richtung „Stil", in den Wissenschaften „Methode", in der Politik „Partei". Infolgedessen müsse es die Partei sein, welche die Erziehung lenkt, und im damaligen Deutschland war es die Nationalsozialistische Deutsche Arbeiterpartei, die als Wortführer und Vollstrecker der tiefsten Bestrebungen der deutschen Seele auftrat.

Die von der Partei gelenkte Erziehung bedürfe keiner philosophischen Begründung (und vor allem nicht seitens jener individualistischen und liberalisierenden Philosophie, welche die Grundlage der vom Nationalsozialismus heftig verworfenen „Weimarer Pädagogik" gewesen war), denn sie beruhe auf „biologischen Grundlagen". Es ist in der Tat die Biologie, die nun das theoretische Fundament der Pädagogik liefern soll, denn die Biologie weist auf die ursprünglichen Faktoren des menschlichen Seins hin, die in der ethnischen Abstammung zusammengefaßt sind und die Vergesellschaftung der Menschen auf der Basis des „Blutes" bestimmen, und zwar in jener ursprünglichen, primordialen, eben biologischen Gemeinschaft, die sich in der „Rasse" verkörpert.

Eine biologisch fundierte und politisch ausgerichtete Pädagogik findet mühelos die der Erziehung eigenen Inhalte: Sie werden im wesentlichen *physisch*

---

2. Alfred Baeumler: *Das Reich als Tat*, Berlin 1934

und *politisch* sein. Ein gegen alle Anstrengungen, gegen alle Arbeiten abgehärteter Körper, so meint René Hubert, ein Körper, der im Dienst eines Geistes steht, der nicht weniger gestählt und entschlossen ist, sich ganz hinzugeben und gegebenenfalls sich der Volksgemeinschaft und dem Staat als deren Organ zu opfern: das ist das höchste Ziel.[3]

Keine Unabhängigkeit des Individuums, keine autonome und von der Gemeinschaft unabhängige Lebensform, sondern völliges Aufgehen in den verschiedenen Organismen und Kollektiven durch feste und unauflösliche Bande, gemäß der Devise: *Bildung ist Bindung*. Auf Grund dieser Prinzipien wurde die deutsche Jugend vom NS-Staat in die Organisationen des „Jungvolks" (bis zum 14. Lebensjahr) und der „Hitlerjugend" (vom 14. bis zum 18. Lebensjahr) eingegliedert, in denen ein strenges Programm militärsportlicher Ausbildung und ideologischer Unterweisung nach den Leitsätzen der „Parteischulen" durchgeführt wurde, darunter die sogenannten „Burgen", in denen die Jugendlichen, von ihrer familiären Umwelt getrennt, im Geiste eines „neuen Rittertums" ausgebildet wurden, um die Hegemonie des deutschen Volkes und das Supremat der arischen Rasse zu verwirklichen.

Durch den Bruch mit der deutschen spekulativen Tradition wird die Erziehung restlos in Zucht und Disziplin aufgelöst; so jedenfalls sah es ein anderer Erziehungswissenschaftler des Nationalsozialismus, Ernst Krieck (1882—1947), der sich an der Dilthey-Schule gebildet hatte, sich aber dann von der spekulativen Diltheyschen Linie abwandte, um Pädagogik ganz im Zeichen der nationalsozialistischen Ideologie zu betreiben. Krieck betont mit aller Schärfe den kollektivistischen Charakter der Erziehung: Nur in der Gemeinschaft erhält das Leben des einzelnen einen Sinn; unter Gemeinschaft versteht er dabei eine auf das Blut gegründete rassische Gemeinschaft, von der sich Einheit des Handelns, Fühlens und Wollens herleitet. In dem Maße, wie diese Einheit Wirklichkeit wird, löscht sie die individuellen Verschiedenheiten und Unterschiede aus und läßt nur jene Differenzen bestehen, die die für das Leben der Gruppe notwendige „Polarität" gewährleisten. Diese Polarisation in der Gruppe meint, daß einige wenige eine führende Rolle gewinnen, indem sie den kollektiven Willen und die Schaffenskraft der Gruppe verkörpern, die anderen aber die Rolle von Ausführenden übernehmen, denen eigentlich nur die Befriedigung jener Bedürfnisse zukommt, die aus dem vegetativen Dasein erwachsen. Diese vielen müssen gehorchen, und nur indem sie sich den objektiven Anordnungen und Gesetzen unterwerfen, vermögen sie ihr Leben auf ein kulturelles Niveau zu heben, das sie aus eigener Kraft nicht erreichen

---

3. Vgl. dazu René Hubert: *Traité de Pédagogie Générale*, Paris 1946 u.ö.

könnten. Zwang und Unterwerfung sind deshalb die wirksamsten Mittel zur Menschenbildung, denn „der Mensch ist ein Tier, das einen Herrn nötig hat", — so lautet jedenfalls das anthropologische Credo Kriecks.

Die Pädagogik des italienischen *Faschismus* gelangt graduell zu ganz ähnlichen Positionen wie der Nationalsozialismus, jedoch, um der Wahrheit die Ehre zu geben, mit weit geringerer Strenge und beträchtlich gemildertem Fanatismus, und das allein schon wegen der im Charakter des Italieners tief verwurzelten Neigung zu einem ausgeprägten Individualismus. Um eigene Gestalt zu gewinnen, mußte sich eine mögliche faschistische Pädagogik in Italien zunächst aus dem Einflußbereich einer von Grund auf dialektischen Pädagogik befreien, wie es die aktualistische Pädagogik von Giovanni Gentile (1875—1944) war, die in bezug auf die intellektuelle Erziehung und auf die Neuordnung des Schulwesens durch die berühmte Reform von 1923, die auch den Namen dieses sizilianischen Philosophen trägt, für die ganze Dauer des Faschismus und noch weit über seinen Sturz hinaus wirksam blieb.[4]

Anfänglich hatte also der italienische Faschismus keine eigene Pädagogik, wenn man davon absieht, daß er sich zunächst ganz auf die im Kern philosophische Pädagogik Gentiles berief, die sich ihrerseits (besonders hinsichtlich der Elementarerziehung) wichtiger Beiträge aus dem Werk und Gedankengut Giuseppe Lombardo-Radices bediente. Nach der politischen Ausbootung Gentiles im Jahre 1924 und nach der Geburt des totalen Staates (Staatstotalitarismus) begann ab 1925 die faschistische Pädagogik sich als ideologische und politische Pädagogik herauszuschälen, also genau in dem Jahr, in dem das Regime sich die Faschistisierung der Schule und die Politisierung der Erziehung in Italien zur Aufgabe machte.

Die Grundsätze dieser in hohem Maße ideologischen Pädagogik kann man mit eigenen Worten Mussolinis treffend kennzeichnen: es geht ihr darum, einem Vierzig-Millionen-Volk die gleiche Ideologie einzuhämmern, den viel zu lange unter unbedeutenden Regierungen zerstreuten italienischen Provinzen die Religion der Autorität und des Vaterlandes zu geben, diesen lebhaften und ungestümen Latinern eine Disziplin aufzuerlegen, die aus den gleichen geistigen Quellen schöpft, welche Preußen nach Jena formten. Es geht um Autorität, Disziplin und Gehorsam, also um die gleichen Prinzipien wie bei der nationalsozialistischen Erziehung und um die gleiche Nähe zum Militarismus, allerdings weniger im Zeichen der Rasse als vielmehr dem des imperialen römischen Erbes. „Glauben, gehorchen, kämpfen", lautete das pädagogische

---

4. Vgl. dazu Winfried Böhm / Giuseppe Flores d'Arcais (Hg.): *Die italienische Pädagogik im 20. Jahrhundert*, Stuttgart 1979.

Hauptgebot Mussolinis für die italienische Jugend. Diese wurde in Massenorganisationen formiert, die allmählich einen immer stärkeren militaristischen Charakter annahmen: die „Opera Nazionale Balilla" (die als Hilfswerk angefangen hatte), die „Gioventù Italiana del Littorio" und die faschistischen Studentengruppen. In diesen Organisationen trugen die Mitglieder die Bezeichnungen Wolfskinder (bis zu 5 Jahren), Balilla (von 6—13 Jahren), Avantgardisten (von 14—17 Jahren), junger Faschist oder faschistischer Student (von 18—21 Jahren). Alle wurden ihrem Alter entsprechend bewaffnet und erhielten eine gymnastisch-sportliche und militärische Ausbildung, die einherging mit einer strengen ideologischen Indoktrinierung (durch Schulungskurse in politischer Erziehung), parallel zu jener der Schule, in der die Lehre des Faschismus und die militärische Erziehung von der Grundschule bis zur Universität Pflichtfächer wurden.

Hubert faßt die den Jugendlichen vom Faschismus eingeschärften Werte wie folgt zusammen: Achtungsvolle Bewunderung der verschiedenen Beispiele nationaler Größe; Patriotismus; ausgeprägtes Nationalbewußtsein; Respekt vor aller Autorität und vor der Hierarchie in allen ihren Formen; strenge Disziplin; unbeschränkte Hingabebereitschaft; heroischer Opfermut und vor allem unverbrüchliche Treue und unbedingter Gehorsam gegenüber der Person des obersten Führers. Aber auch hier muß man wohl sagen, daß diese Werte — im Unterschied zu dem, was in Deutschland geschah, — nicht sehr tief in das Gemüt der Italiener einzudringen wußten. Sie blieben eine Patina an der Oberfläche, welche die Jugendlichen bei der ersten Feuerprobe von sich abschüttelten, so daß die Gefolgstreue und der blinde Gehorsam für den Führer mit dessen Erschießung ebenso jäh wie spurenlos verschwanden.

Es liegt auf der Hand, daß die faschistische Ideologie jeder anders orientierten Pädagogik den Lebensnerv durchschnitt (die nationalsozialistische natürlich ausgenommen). Ausländische Strömungen des pädagogischen Denkens fanden in Italien keinen Eingang, außer vielleicht solchen, die keine Gefahr für den Faschismus darstellten, und allenfalls mit Ausnahme jener reformpädagogischen Gedanken, die von Giuseppe Lombardo-Radice und von Ernesto Codignola quasi auf Schleichwegen eingeführt wurden.

Wie der Nationalsozialismus, so hatte auch der Faschismus eine ausgeprägte Vorliebe für Massenveranstaltungen, wobei er sich das Phänomen der Massensuggestion pädagogisch sehr zunutze machte; aber so geschickt diese Massenkundgebungen auch organisiert waren, gelang es ihnen doch nicht, den tiefverwurzelten Individualismus aus der italienischen Seele auszureißen, so wie es der faschistischen Ideologie ebenfalls nicht gelang, die von Grund auf zum Streit und zur dialektischen Polemik veranlagten Italiener — und besonders die Süditaliener, bei denen diese Veranlagung altes griechisches Erbe ist, — umzukrempeln.

Die radikale Ablehnung aller nicht marxistisch inspirierten pädagogischen Strömungen ist von Anfang an ein Chakteristikum der Pädagogik des *Sowjetkommunismus*. Obwohl diese Pädagogik sich als eine grundsätzlich politische manifestierte, hat sie erhebliche Schwierigkeiten damit gehabt, ihre eigene Identität zu finden und in stimmiger Weise darzustellen, und das vor allem wegen der starren Schematismen, die das Denken von Marx und Engels kennzeichnen.

Die ausgesprochen politische Verankerung der sowjetischen Pädagogik wurde 1929 von A.G. Kalaschnikoff, dem Verfasser einer „Soziologie der Erziehung", besonders prägnant auf den Begriff gebracht, einem Pädagogen, der nichtsdestoweniger des Rechtsabweichlertums angeklagt wurde. Dieser faßte jedenfalls die Erziehung auf als „den Prozeß der Veränderung der biologischen Eigenschaften des Menschen im Interesse der sozialen Umwelt".

Die Anschuldigung des Abweichlertums stammte natürlich von der Parteileitung, der Quelle und Richterin alles pädagogischen Denkens und aller Schultheorien. Wurde Kalaschnikoff des Abweichlertums nach rechts angeklagt, so traf einen anderen Pädagogen, der äußerst revolutionäre Ideen hervorgebracht hatte, wie z.B. die sogenannte Theorie vom „Tod der Schule", nämlich V. Schulgin der Vorwurf des Abweichlertums nach links. 1931 brach sich eine weniger streng ideologische Pädagogik Bahn, die bereit war, Einflüsse von der sogenannten bürgerlichen Pädagogik aufzunehmen und eben diese bürgerliche Kultur zu assimilieren: die wesentlich von den Gedanken Lenins geprägte Pädagogik M. Pistraks.

Die endgültige Unterordnung der Pädagogik unter die marxistisch-leninistische Ideologie erfolgte nach 1936. Von dieser Zeit an entwickelte sich die sowjetische Pädagogik auf immer rigidere Weise nach den Direktiven der Partei und ihren Hauptvertretern. Einer von diesen war M.I. Kalinin, der in einem 1940 der Versammlung der Aktivisten der Partei in Moskau vorgelegten Gutachten die Abhängigkeit der Pädagogik von der Partei-Ideologie quasi kodifizierte. Die kommunistische Erziehung muß nach Kalinin den Aufgaben der Partei und der sowjetischen Regierung streng untergeordnet sein. Sie soll eine genau bestimmte, reflektiert und systematisch betriebene Einwirkung auf die Psyche des zu Erziehenden sein, um ihm jene Eigenschaften zu vermitteln, die der Erzieher verfolgt, und ihm so eine bestimmte Weltanschauung, eine genau festgelegte Moral und präzise vorgeschriebene Regeln des sozialen Lebens einzuprägen. Nach Kalinin ist die einzige und unwiderlegbare Grundlage der kommunistischen Moral und Erziehung die Doktrin des Marxismus-

Leninismus als „Wissenschaft von der Gesellschaft", die für ihn eine „Exaktheit" besitzt, „die derjenigen der Mathematik gleichkommt". Die Formulierung einer ideologischen Pädagogik mit ihrem Dogmatismus und ihrer Selbstbeschränkung kann wohl kaum deutlicher ausfallen als bei Kalinin, den wir hier deshalb auch angeführt haben.

Trotz einiger bemerkenswerter und auch beispielhafter pädagogischer Anstöße, die in der Arbeit und in der Theorie Anton Semjonowitsch Makarenkos (1888—1939) zu finden sind, ist diese ideologische Ausrichtung der sowjetischen Pädagogik nie erschüttert worden, und eine wirklich dialektische Einstellung hat bis heute nicht in die Sowjetunion einzudringen vermocht. Und Makarenko, der ohne Zweifel ein außergewöhnlicher Erzieher war, mußte am eigenen Leibe alle Schwierigkeiten erfahren, in die ein Pädagoge und Erzieher geraten kann, wenn die Pädagogik „von oben kommt" und von der politischen Macht verordnet wird. Dieser geniale Erzieher schien durchaus nicht immun gegen Kritik und Mißbilligungen von seiten der offiziellen Schulbehörden, die seine Ideen und seine Methoden nicht immer im Einklang mit dem sowjetischen Stil sahen. Und doch war diese streng ideologische Verankerung der Pädagogik auch bei Makarenko selbst keinerlei Schwankungen unterworfen; als überzeugter und begeisterter Stalinist kennt er keine Zugeständnisse an pädagogische Richtungen, die nicht deutlich einen marxistisch-leninistischen Stempel tragen, und selbst die Spur eines dialektischen Bewußtseins sucht man bei ihm vergebens.

Ein solches dialektisches Bewußtsein kennzeichnet dagegen überwiegend die *marxistische Pädagogik* außerhalb der Sowjetunion, besonders in Westeuropa. Unbeschadet ihrer erklärtermaßen marxistischen Ausrichtung kann man die marxistische Pädagogik bei uns im Westen nicht streng ideologisch nennen. Sie entsteht und artikuliert sich im „Dialog" mit anders gelagerten pädagogischen Strömungen, sie schottet sich nicht gegen deren Einflüsse ab, sondern tritt durch konstruktive Kritik mit ihnen in eine lebendige Wechselbeziehung. Zudem wird die marxistische Pädagogik in Westeuropa nicht von staatlichen Behörden verordnet, und sie macht genausowenig Gebrauch von irgendwelcher politischer Macht. Sie ist nicht die Pädagogik eines Regimes, wie die faschistische, die nationalsozialistische und die sowjetkommunistische Pädagogik. Sie geht vielmehr aus dem freien Wechselspiel der Kräfte unserer Kultur hervor, und sie stellt ihrerseits eine bewegende Kraft innerhalb dieser Kultur dar.

Um nur ein Beispiel anzuführen, das stärkstes Interesse verdient, mag der Hinweis auf Antonio Gramsci genügen, dessen Denken die marxistische Pädagogik in Westeuropa Entscheidendes zu verdanken hat. Es handelt sich dabei um ein Denken, das gerade aus der Dialektik mit nichtmarxistischen Positionen seine Lebenskraft schöpft und aus der Auseinandersetzung etwa mit dem Liberalismus eines Benedetto Croce (1866—1952) und eines Piero Gobetti (1901—1926) erwachsen ist. Und dieses Denken Gramscis dient heute keineswegs als ein fester und starrer Bezugspunkt für die gegenwärtige marxistische Pädagogik, sondern nur als Anstoß, den marxistischen Standpunkt entsprechend den Bedürfnissen des geschichtlichen Augenblicks weiterzuentwickeln.

So viel mag genügen, um die westliche marxistische, ganz besonders die italienische, von den ideologischen Pädagogiken deutlich abzuheben und sie denjenigen zuzuordnen, die in ein dialogisches Wechselverhältnis zur Ideologie treten und insofern als dialektisch bezeichnet werden können, als sie sich der Kritik stellen und für eine Weiterentwicklung offenhalten.

Die bisher aufgezeigten Merkmale des pädagogischen Ideologismus mit seinen Abschottungen und seiner rigiden Starrheit kann unter bestimmten politisch-sozialen Gegebenheiten und angesichts gewisser historischer Konstellationen auch eine *streng religiös ausgerichtete Pädagogik* annehmen. Die Geschichte der Pädagogik zeigt recht erstaunliche Entwicklungen in dieser Richtung, und als geradezu paradigmatisch dafür können beispielsweise die calvinistische Pädagogik und jene katholische der Gegenreformation gelten. Bevor wir diese pädagogischen Richtungen einer genaueren Prüfung unterziehen, erscheint es jedoch geboten, wenigstens kurz das Problem der Beziehung zwischen Religion und Ideologie zu streifen.

Was ist Religion?, lautet die Frage. Sie ist ohne Zweifel eine bestimmte „Lebensanschauung", und zwar eine Auffassung vom Leben, die ganz auf dem Glauben beruht. Als solche ist sie praktisch bedingt und daher Ideologie. Nur daß es positive Gefühle sind, die das religiöse Denken in seiner Reinheit nähren und bedingen: Gefühle von Liebe, Hoffnung, Heilserwartung, Erlösung, Läuterung; in der konkreten geschichtlichen Wirklichkeit wird diese Reinheit freilich häufig genug getrübt durch individuelle, Gruppen-, Kasten- oder andere Interessen. Man könnte also sagen, daß die Religion eine Ideologie „im guten Sinne" ist. Und dennoch gleitet sie leicht in Ideologie im schlechten Sinne ab, und zwar aus eben jenen Gründen, aus denen auch die Philosophie abgleitet. Infolgedessen steht die Religion zur Ideologie in der nämlichen Beziehung, in der die Philosophie zu ihr steht; sie ist Mutter der Ideologie, wie es die Philosophie wird, wenn sie ihren kritischen Charakter verliert. Die Religion verkehrt sich in Ideologie *ut sic*, wenn sie ihren freiheitlichen Charakter verliert und an seiner Stelle Fanatismus, Intoleranz und engherzige Selbstabkapselung gebiehrt. Sie verwandelt sich in Ideologie im pejorativen und negativen Sinn des Wortes, wenn aus einer subjektiven Einstellung ein objektiver Apparat wird, dem sich das Subjekt unterwerfen muß; wenn aus dem Verlangen nach Heil und Erlösung eine Macht wird, die die Gewissen verletzt und auslöscht; wenn Gottessuche und Gotteserwartung umschlägt in vermeintlichen Gottesbesitz und angebliches Heilsmonopol einer Kaste; wenn sich ihrer Grenzen bewußte menschliche Demut aufbauscht zu menschlichem Hochmut, der für sich das Vorrecht göttlicher Einsetzung beansprucht.

Der italienische Pädagoge Raffaello Lambruschini (1788—1873), um nur einen unter den Kritikern der ideologisierten Religion zu erwähnen, hat in glänzender Form über die Verfälschungen geschrieben, denen die Religion ausgesetzt ist, oder besser, die der katholischen Religion widerfahren sind. In seinen berühmten „Pensieri di un solitario" (Gedanken eines Einsamen) — Lambruschini nannte sich bekanntlich den „Einsamen von San Cerbone" — wird eine äußerst scharfe Kritik an der katholischen Kirche geübt, die damals eine Krise durchmachte und von starken Erneuerungsimpulsen erschüttert wurde. Lambruschini, fest davon überzeugt, daß die Religion vor allem Gefühl, Aufschwung des Herzens, Wille zur sittlichen Vervollkommnung, Interiorität (ganz im Sinne des Pascalschen „esprit de finesse") ist, lehnte jede Objektivierung des religiösen Lebens, jede doktrinäre Erstarrung ab, welcher Art sie auch immer sein mochte. So klagt er den Katholizismus der sklavischen Unterwürfigkeit an; wirft ihm starre und engstirnige Lehrmeinungen vor; zeiht ihn eines formalen und äußerlichen Kultes und kleinlicher, bedrückender, weil knechtisch zu befolgender Vorschriften; verurteilt das strenge Einhalten der Sittenregeln nach Art der Pharisäer; bekämpft eine autoritäre Priesterherrschaft und beschuldigt diese einer Lenkung der Gewissen, welche die Freiheit knechtet, in der er das höchste Gut der menschlichen Natur erblickt. Wie man daraus ersieht, ist die katholische Religion, von der Lambruschini spricht, eine zur Ideologie geronnene Religion mit allen Merkmalen des ideologischen Denkens. Es ist eine Religion als Apparat von Grundsätzen, Normen, Vorschriften, aber auch von Privilegien, Diskriminierungen, Ungleichheiten; es ist eine Religion als von praktischen Absichten verführtes Denken in Gestalt von Kasteninteressen und krudem Machtwillen. Es erscheint der Mühe wert, mit aller Deutlichkeit herauszustreichen — und im Fortgang unserer Überlegungen werden wir das tun —, daß das, was den Prozeß der Ideologisierung der Religion vorantreibt, in der Regel ihr Bündnis mit der Macht ist, wodurch sie ja auch zum Instrument der Intoleranz, des Autoritarismus, der Unterdrückung und der Verfolgung wird. Werfen wir deshalb einen kurzen Blick auf diese der Ideologie verfallenen religiösen Pädagogiken.

Keine Konfession dürfte die Pädagogik wohl härter unter das Joch der Religion gebeugt haben als die calvinistische. Johannes Calvin (1509—1564) hatte behauptet, daß die Erziehung ausschließlich von der Gnade abhänge und ihr als menschlichem Handeln weder durchgreifende noch dauerhafte Wirkung beschieden sei; denn die menschliche Natur sei seit dem Augenblick der Sünde unrettbar gefallen. Der Mensch habe keinerlei Selbständigkeit; menschliches Wissen, Kunst und Philosophie gelten nichts; was zählt, ist das Wort Gottes „an die erste Stelle zu rücken und zur Voraussetzung alles Lernens zu machen". Die Intoleranz gegenüber jedweder Abweichung von der calvinistischen Lehre leitet sich aus der Verbindlichkeit des ihr zu leistenden Treuegelöbnisses und aus der Zurpflichtmachung des Katechismus ab, welche sogar durch Hausvisitation der kirchlichen Kontrolle unterworfen wurden. Der Genfer Katechismus, 1542 von Calvin verfaßt und bestehend aus 373 Fragen und Antworten, kann als der klassische Text konfessioneller Indoktrination angesehen werden, denn er macht strengste Disziplin zur Methode und lehrt die völlige Unterwerfung des Individuums unter die kirchliche Autorität, gemäß dem Gebot jenes theokratischen Staatsbegriffs, den Calvin unermüdlich predigte.

Calvin und die Calvinisten ignorieren einfach die psychologische Dimension der Erziehung und promulgieren, wie ein deutscher Gelehrter treffend gesagt hat, eine „Theologie der Entwicklung", über die die kirchliche Autorität als Vormund und Hüterin wacht.

Die calvinistischen Grundsätze wurden später in Schottland weiterentwickelt, und zwar durch John Knox, den Begründer der Reformation in jenem Lande, das sich 1560 auf Beschluß des Parlaments von der römischen Kirche loslöste. Mit dem berühmten „First Book of Discipline" entwarf John Knox 1566 den Umriß eines einem theokratischen Regime entsprechenden Erziehungssystems, und, obwohl es einige wertvolle Anweisungen enthielt, wie die Schule dem breiten Volk zugänglicher zu machen sei und wie die Minderjährigen vor der Ausbeutung durch Familie und Gesellschaft geschützt werden sollten, verstärkte es hinsichtlich des pädagogischen Eifers und im Hinblick auf die doktrinären Unnachgiebigkeiten sogar noch jene calvinistische Strenge, die allen dogmatischen und ideologischen Pädagogiken so ähnlich ist.

Innerhalb der katholischen Welt, die im Laufe der Geschichte einen wahren Reichtum an pädagogischen Positionen hervorgebracht hat, deren einige, wenn sie auch auf den Grundprinzipien des christlichen Denkens aufruhen, nicht der kritischen Schärfe entbehren, ist wohl das repräsentativste Beispiel für eine ideologische Pädagogik religiöser Art jene der „Gesellschaft Jesu" in ihren Anfängen, besonders aber in der Zeit des Wütens der spanischen Inquisition. Das Dokument, in dem diese Pädagogik kodifiziert wurde, ist bekanntlich die „Ratio atque Institutio Studiorum", die schon von dem Ordnungs-

Nachdem wir von der Pädagogik der Jesuiten gesprochen und diese ohne behalt als eine „Pädagogik der Autorität" gekennzeichnet haben, erscheint ngebracht, auf eine pädagogische Bewegung hinzuweisen, die ihr genaues genteil darstellt: die Pädagogik einer *radikalen Libertinage*, die darum aber ht weniger ideologisch ist; denn ihr geht jegliche dialektische Beweglich- t ab, sie nährt sich von Grund auf aus einer politischen Ideologie, und sie harrt starr und naiv in der geschichtsblinden und weltfremden Sehnsucht h einer Erziehung, die gänzlich auf die Freiheit des Individuums in seiner alen Unmittelbarkeit gegründet ist.

Leo Tolstoj (1828—1910) träumte von einer Schule der Freiheit, in der jeder üler der alleinige Schöpfer seiner eigenen Bildung wäre. Daher wies er den danken einer Erziehung als Vermittlung von Ideen, Werten und Verhaltens- stern weit von sich. Unterricht ist für Tolstoj nur dort akzeptabel, wo es die Darbietung von Instrumenten zur Kommunikation und zum Sich- bst-ausdrücken geht. Von der Abstraktheit dieser radikalen Ansicht wurde r russische Dichter allerdings jäh und mit aller Härte überzeugt, als er ver- :hte, sie in die Praxis umzusetzen, nämlich in der von ihm in Jasnaia Poljana gründeten kleinen Schule, wo es keine Stundenpläne, keine Lehrpläne, kei- Disziplin, keine Strafen gab und auch sonst nichts, was an die Autorität des hrers erinnerte. Diese praktische Erprobung war ein glatter Fehlschlag, und lstoj beschritt bald einen anderen Weg und entwarf ein anderes pädagogi- hes Ideal.

Dennoch hört der pädagogische Radikalismus nicht auf, seinen verführeri- hen Zauber auszuüben. Gegen Ende des vorigen Jahrhunderts wurde ihm n einer Schwedin neues Leben eingehaucht: Ellen Key (1849-1926), einer hnbrecherin der Frauenbewegung, die das anbrechende 20. Jahrhundert als s „Jahrhundert des Kindes" ankündigte. Die Ideologie der Spontaneität, des italismus und der Libertinage beherrscht das Denken dieser Agitatorin, die :h in Wahrheit gegen den herrschenden Autoritarismus wehrte, indem sie as Banner eines freiheitlichen Radikalismus entrollte. Und diese Frau war ge- iß keine Einzelerscheinung.

Das 20. Jahrhundert wird pädagogisch in der Tat mit den Gärungsfermen- :n libertinärer Ideologien eröffnet. „Vom Kinde aus" lautet die Parole, die 905 auf einem Kongreß in Hamburg ausgegeben wird, um eine auf die natür- :he Spontaneität und die freie Entfaltung der Lebensäußerungen des Indivi- uums gegründete Pädagogik durchzusetzen. So entstand die sogenannte Hamburger Pädagogik", die sich bald mit der Jugendbewegung verband, eine ewegung, zu deren Anregern auch Gustav Wyneken (1875-1964) gehörte; ei- e Bewegung, die, historisch gesehen, die erste Manifestation der „Protestbe- egung der Jugend" gegen die Gesellschaft, die Kultur und die Moral der Er-

gründer Ignatius von Loyola begonnen, aber erst 1599 v[on]
Claudio Acquaviva zu Ende geführt wurde.

Sicherlich kann man in dem verwinkelten Gebäude der [päda-]
gogik nicht wenige positive Elemente entdecken (aber das ist [bei]
ideologischen pädagogischen Strömungen der Fall), ihrer G[rundlage nach]
ist sie jedoch dogmatisch, unnachgiebig, objektivistisch und [ver-]
mit anders ausgerichteten Lehren versperrt. Leser[5] hat von [stren-]
gen, autoritären, einseitigen Objektivismus gesprochen, gegr[ündet auf Ge-]
horsam, die Aufopferung des eigenen Gewissens und den Ver[zicht auf das eige-]
ne Urteil. Damit gehe einher die völlige Unterwerfung des In[dividuums unter]
die Autorität der kirchlichen Hierarchie, unter das System u[nd die]
Lehre, gemäß der berühmten Formel des „perinde ac cadave[r". So]
läßt sich die Pädagogik der Jesuiten als Pädagogik der Diszi[plinierung und In-]
doktrinierung *par excellence* charakterisieren; einer Diszipli[n, zu deren Durchset-]
chung man sich auch des Hilfsmittels der „geistlichen Exer[zitien" bediente,]
und einer Indoktrinierung, die sich in sorgfältigster Manipul[ation der Unter-]
richtsfächer, in strenger Zensur aller verdächtigen Autoren u[nd im hart-]
näckigen Einschärfen der aristotelisch-thomistischen Lehre [äußerte.]

Das Ziel dieser Pädagogik war, wie man weiß, die Her[anbildung eines]
„Gläubigen", der sich der Kirche gegenüber gehorsam zeigte [und bereit war,]
mit allen Mitteln für sie zu kämpfen. Da die Kirche sich stark [auf das Bürger-]
tum stützte und bei ihrer Verteidigung vor allem auf diese [Klasse zählte,]
nahm die jesuitische Erziehung folgerichtig die Gestalt einer K[lassenerziehung]
an und wurde, mit pointierter Schärfe gesagt, zu einer Erzieh[ung, die die bür-]
gerliche Vorherrschaft aufrechterhalten und verstärken sol[lte. Das Erzie-]
hungsmodell, das die Jesuiten verfolgten, war daher das des [...]
des anständigen Menschen, ehrerbietig gegen die verfaßten [Autoritäten, die]
kirchliche obenan; ausgestattet mit guten Umgangsformen u[nd solider]
Bildung; entgegenkommend und umsichtig, schlau und gewa[ndt in der Kon-]
versation und in der Verteidigung der bestehenden Ordnung. [Es handelte sich]
also, um es kurz zu sagen, um eine ideologische Pädagogik, ide[ologisch im Sin-]
ne eines „falschen Bewußtseins" und verstanden als ideologisc[h, weil sie]
eine auf Privilegien und Klassenherrschaft gegründete Sozialor[dnung rechtfer-]
tigen und aufrechterhalten sollte. Es versteht sich von selbst, d[aß]
manche Züge sich allmählich abgeschwächt haben, schon allei[n weil]
ein gewisser Pragmatismus von Anbeginn an die Methode de[r Jesuiten prägte]
und dieser Pragmatismus führte zu einer schrittweisen Anpassu[ng an die Zeit-]
läufte und an die gesellschaftlichen Wandlungen.

---

5. Hermann Leser: Das pädagogische Problem, Bd. 1, München-Berlin 192[...]

wachsenen darstellt. Von Hamburg ausgehend, verbreitete sich eine neue revolutionäre Auffassung von Erziehung, durch die einige in Deutschland entstehende Schulen angeregt wurden, deren Ziel kein anderes als die Abschaffung der (traditionellen) Schule war. Die Gleichheit von Lehrern und Schülern wurde im Namen einer partnerschaftlichen „Kameradschaft" ausgerufen; Unterrichtsfächer, Lehrpläne, Stundenpläne und Klassen wurden abgeschafft; bekämpft wurde der traditionelle Schulformalismus. Wilhelm Paulsen, Direktor einer Hamburger Schulgemeinde, brachte 1926 die Quintessenz dieser Bewegung im Titel seines Buches „Die Überwindung der Schule" prägnant zum Ausdruck.

Diese Pädagogik der Libertinage, die sich, um es ironisch zu sagen, von jeglicher philosophischen Begründung unbefleckt hält, beruht, statt auf einer kritischen Philosophie, auf einer Reihe grober anthropologischer und psychologischer Fehlannahmen, und einer ihrer schärfsten Kritiker, Jakob R. Schmid[6], hat deutlich gemacht, wie sehr sie den Stempel der Ideologie trägt: es fehlt ihr an kritischer Begründung, sie ermangelt der dialektischen Auseinandersetzung, es geht ihr völlig der Sinn für Geschichte ab, und das reicht so weit, daß einer ihrer Väter, als er sich über das Scheitern seiner Reformversuche Rechenschaft gab und dabei die Jugendbewegung in sein Urteil mit einbezog, von der Unreife ihrer Verfechter und von Neurosen und doktrinären Infantilismen gesprochen hat. Aus politischen Anregungen geboren, zerbröckelte die freiheitliche Pädagogik noch vor dem Beginn des Nationalsozialismus aufgrund innerer politischer Widersprüche, Spannungen und Gegensätze, die nach und nach auftauchten, als die pädagogischen Irrtümer ans Licht traten.

---

6. Jakob R. Schmid: Le maître-camarade et la pédagogie libertaire, Neuchâtel 1936; dt. u.d.T. Freiheitspädagogik. Schulreform und Schulrevolution in Deutschland, Reinbek 1973.

3. Die indifferente Pädagogik

Indifferente pädagogische Richtungen sind durch eine „neutrale" Haltung gegenüber der Ideologie gekennzeichnet. Im Insgesamt der pädagogischen Forschung und im Gesamtfeld der Erziehung sind sie gewiß nicht ohne Wert, allein schon deshalb, weil es gerade sie waren, die die empirische Forschung angeregt und vorangetrieben haben, und man wird nicht leugnen können, daß sie auf diese Weise konkrete Beiträge zum Ausbau und zum Fortschritt der Erziehungswissenschaft geleistet haben. Dennoch repräsentieren sie ein „einseitiges" pädagogisches Wissen; sie sind geeignet, Einzelaspekte zu beleuchten, begrenzte Probleme zu lösen, Verbindungen zwischen Teilgebieten herzustellen, aber sie vermögen nicht, die erzieherische Tätigkeit in ihrer Ganzheit zu begründen.

Diese Strömungen zielen nicht auf ein begrifflich klares und umfassendes System der Erziehung, sie setzen es eigentlich voraus und lassen in aller Regel jenes dafür gelten, das sie in einem bestimmten soziokulturellen Zusammenhang und in einer gegebenen geschichtlichen Lage antreffen. Ihr Anwendungsgebiet ist grundsätzlich die Anleitung des erzieherischen Handelns, und daher konzentrieren sie ihre Anstrengungen auf die Erforschung und Erprobung von pädagogischen Methoden und erzieherischen Mitteln im allgemeinen. Es handelt sich dabei um einen Forschungsbereich, den die Vertreter dieser pädagogischen Richtung als von subjektiven Meinungen und von Ideologien abgetrennt und unbeeinflußt ansehen und der sich daher zur objektiven Untersuchung anbietet, und zwar genau im Sinne jener Objektivität, die man den Naturwissenschaften zuspricht. Diese Richtungen kann man auf den gemeinsamen Nenner der „wissenschaftlichen Pädagogik" bringen, und ihre Verästelungen reichen von der psychologischen bis zur experimentellen Pädagogik. Gleichwohl muß man sich davor hüten, darunter auch die verschiedenen pädagogischen Strömungen positivistischer Provenienz zu subsumieren, denn mögen diese auch den Anspruch der Wissenschaftlichkeit erheben, zeigen sie doch unverkennbar ein ideologisches Gepräge und können deshalb nicht als „indifferent" im von uns gemeinten Sinne bezeichnet werden.

Dieser wissenschaftlichen Pädagogik wenden wir nun unsere Aufmerksamkeit zu, weil uns das besondere Verhältnis interessiert, das sie gegenüber der Ideologie einnimmt.

Die psychologische Ausrichtung der wissenschaftlichen Pädagogik setzt zu Beginn des Jahrhunderts ein und bricht sich Bahn, zum einen als Begleiterscheinung der sogenannten „Neuen Schulen" und zum anderen infolge der enormen Ausdehnung des Forschungsgebietes der wissenschaftlichen Psychologie. Man verlangt nach einer neuen Pädagogik, die weniger spekulativ und theoretisch und vor allem nicht ideologisch gebunden wäre, sondern sich den Tatschen und der Psychologie des zu Erziehenden zuwendete und über Forschungsverfahren verfügte, die denen der experimentellen Wissenschaften entsprächen. Nach den Worten Alfred Binets (1857-1911), eines der Begründer dieser Richtung, ging es darum, sich den Problemen der Erziehung mit „modernen Ideen" über die Kindheit zu nähern, und sowohl eine auf blanker Erfahrung aufgebaute als auch eine philosophische Pädagogik zu überwinden, wobei er die eine wie die andere als „generalisierend, vage, bloß literarisch, moralistisch, verbal, salbaderisch" ansah.

Desungeachtet erklärte Binet, sich selber ausgewogen in der Mitte halten zu wollen, d.h. auf halbem Wege zwischen der traditionellen und der wissenschaftlichen Pädagogik, wobei er der einen übertrug, die zu untersuchenden Probleme aufzuweisen, und der anderen, auf Erfahrung, wissenschaftlicher Kontrolle und präziser Evaluation gegründete Forschungsverfahren bereitzustellen. Aber wenn Binet auch seinen eigenen Standpunkt in der Mitte zwischen beiden einpendeln wollte, zielt seine pädagogische Absicht weder darauf, ideologische Entscheidungen zu treffen noch langfristige Erziehungsstrategien zu entwickeln, sondern sein Interesse wendet sich auf Probleme der Methodik, des Schulehaltens und der Optimierung von Lernprozessen, unabhängig von ideologischen Antrieben und unberührt von axiologischen Zielüberlegungen.

Das Werk Binets war sehr einflußreich, nicht nur, weil er durch die gemeinsam mit Simon erfundene Meßskala die Psychometrie eingeleitet hat, sondern auch wegen seiner Untersuchungen über geistige Ermüdung, die der pädagogischen Technologie und Methodik ganz neue Horizonte eröffnet haben.

Die psychologische Ausrichtung der Pädagogik erhielt weitere und noch entscheidendere Impulse durch die Arbeiten eines Schülers von James und Wundt, Granville Stanley Hall (1844-1924), den man als den eigentlichen Begründer der *Psychopädagogik* ansehen kann. Er war Verfasser einer „Adolescence" betitelten zweibändigen Enzyklopädie des Jugendalters, die 1904 erschien und in der er alle wichtigen Probleme dieses Lebensabschnitts unter dem Gesichtspunkt der Physiologie, der Anthropologie, der Soziologie, der Psychologie und der Pädagogik behandelt. Es bedarf kaum der Erwähnung, daß diese Pädagogik streng auf psychologische Voraussetzungen gegründet ist und vor jeder Aussage philosophischer und spekulativer Art zurückschreckt. Gegenüber der Ideologie verhält sie sich vollkommen neutral.

Der eigentliche Systematiker dieser Richtung ist jedoch der Schweizer Edouard Claparède (1873-1940), der gemeinsam mit Pierre Bovet das berühmte Institut „Jean-Jacques Rousseau" gründete, aus dem dann das „Institut des sciences de l'éducation" der Universität Genf hervorgegangen ist, das in der pädagogischen Forschung auch heute noch eine führende Rolle spielt. Claparèdes Anliegen, das sich langsam in seinen Schriften herauskristallisierte, war, die Pädagogik auf „eine wissenschaftliche Grundlage zu stellen"; das sollte zunächst dadurch geschehen, daß er diese wissenschaftliche Pädagogik scharf davon unterschied, was er eine „dogmatische Pädagogik" nannte, d.h. eine Pädagogik, die sich ihre erzieherischen Fern- und Nahziele aus Moral, Philosophie, Ästhetik, Religion, Soziologie oder Politik entleiht und die erzieherische Tätigkeit auf diese Ideale ausrichtet. Es handelt sich dabei um Ideale, die die Wissenschaft uns niemals liefern kann, denn „die Wissenschaft erklärt den Verlauf der Erscheinungen, sie schreibt aber niemals vor, daß die Phänomene diesen Gang nehmen müssen und nicht einen anderen". Auf dieser Grundvoraussetzung arbeitet Claparède ein ganzes architektonisches System der pädagogischen Wissenschaften aus, indem er sie in „reine" oder „angewandte" Wissenschaften gliedert, je nachdem, ob sie sich zur Aufgabe machen, Gesetzmäßigkeiten zu erforschen oder Normen für das Handeln vorzuschreiben.

In seinem Werk von 1905 „Psychologie de l'enfant et pédagogie expérimentale"[7] stellt sich Claparède die Frage, welches denn überhaupt das Ziel der Erziehung sei, und er antwortet, über diesen Punkt gäbe es niemals Einverständnis: so viele Personen, so viele Ansichten. Natürlich möchte ein jeder gern, daß die Erziehung im Sinne seiner sozialen oder politischen, philosophischen oder religiösen Vorlieben erfolgt; wenn man aber abwarten wollte, bis alle Welt sich über das zu verfolgende Ziel verständigt habe, käme eine Wissenschaft der Erziehung niemals zustande.

Glücklicherweise ist aber das Problem nicht so verwickelt, wie es den ersten Anschein hat. Denn genauso wie die Art, den Teig zu kneten, unabhängig ist von der Form, die man dem Kuchen geben will, so ist auch die Art zu unterrichten bis zu einem gewissen Grade unabhängig von dem Unterrichtsstoff; die harmonischen Gesetze und die musikalischen Regeln, die ein Gesangsprofessor gibt, die technischen Übungen, die er ausführen läßt, haben den gleichen Wert für die Darbietung eines patriotischen oder religiösen Lobgesangs wie für die einer Revolutionshymne. Andererseits ist der Unterricht — beson-

---

7. Deutsch 1911 u.d.T. „Kinderpsychologie und experimentelle Pädagogik".

ders der Elementarunterricht und ein guter Teil des Gymnasialunterrichts — ein nahes Ziel, das von dem Endzweck der Erziehung fast völlig unabhängig ist. Es gibt weder eine geisteswissenschaftliche oder eine materialistische Arithmetik, noch eine bürgerliche oder eine anarchistische Physik.

Mit diesen Grenzziehungen entrückt Claparède fast die gesamte Pädagogik (ausgenommen bleibt, wie gesagt, nur die sogenannte dogmatische Pädagogik) dem Herrschaftsbereich der Ideologie, und man kann sich durchaus vorstellen, daß die Ideologie sich dann nicht mehr in den Bereich der Methodologie, der Didaktik und in die Theorie der Schulprogramme einschleichen kann.

Aber im gleichen Atemzug beraubt Claparède die Pädagogik jenes kritischen Ferments der Philosophie, das für die Pädagogik und jeden ihrer Aspekte geradezu lebenswichtig ist, weil erst diese Präsenz des philosophischen Denkens ein kritisches Element einbringt und der Pädagogik die Kraft der Kritik verleiht. Claparède verkennt völlig das Problem — freilich war es zu seiner Zeit noch nicht so deutlich aufgetaucht — der Interdisziplinarität der Pädagogik, welche ja nicht als äußerliche Juxtaposition von verschiedenen Unterrichtsfächern und Methodologien zu verstehen ist, sondern gerade als wechselseitige Durchdringung verschiedener Methodologien in der strukturellen Einheit der Pädagogik als selbständige, philosophisch strukturierte Wissenschaft zu verstehen ist, wenn anders man sie als wirkliche *Inter*disziplinarität und nicht nur als bloße *Multi*disziplinarität auffassen will.

Kurz und gut, die Freisetzung der Pädagogik von der Ideologie, in der man durchaus einen positiven Aspekt der Epistemologie Claparèdes sehen könnte, zerreißt gleichzeitig ihre lebensnotwendige Verbindung mit der Philosophie; das aber heißt, im Bilde gesprochen, das Kind mit dem Bade ausschütten.

Ein anderer Zweig der hier zur Debatte stehenden Richtung ist, wie gesagt, die *experimentelle Pädagogik,* und ihre Vertreter sind oft dieselben; so gehört Claparède sowohl der Psychopädagogik als auch der experimentellen Pädagogik an. Ein bedeutender Bahnbrecher dieser Pädagogik war in Europa Wilhelm August Lay (1862-1926), Verfasser einer „Experimentellen Didaktik", die 1903 veröffentlicht und dann unter dem Titel „Experimentelle Pädagogik" mehrmals neu aufgelegt wurde, wobei der neue Titel das Aufgehen der gesamten Pädagogik in experimenteller Forschung, gegliedert in die Phasen der Beobachtung, der Statistik und des Experiments im eigentlichen Sinne, anzeigen sollte.

In der Tat schließt für Lay die experimentelle Pädagogik die gesamte Pädagogik ein, so daß für die Philosophie und die Erziehungskunst keinerlei Spielraum mehr übrig bleibt. Es werde einmal der Tag kommen, da die experimentelle Pädagogik nicht mehr neben der allgemeinen Pädagogik steht, verkündet uns dieser Autor, sondern die experimentelle Pädagogik werde zur Pädagogik schlechthin, zur Gesamtpädagogik werden. Selbstredend bringt eine solche Position die völlige Unabhängigkeit der Pädagogik von der Ideologie mit sich, und sie gibt der Pädagogik einen ausschließlich instrumentellen Charakter. Den Ausländer verwundert es wenig, daß diese Auffassung Lays (und anderer) in Deutschland nur geringe Zustimmung fand, einem Land, in dessen reicher akademischer Tradition die Pädagogik stets in enger, wenngleich differenzierter und vielfältiger Verbindung mit der Philosophie gesehen wurde.

Dennoch rief die experimentelle Pädagogik ein beachtliches Echo hervor: in Deutschland griffen Chrisman und Meumann, jenseits des Atlantik der Argentinier Mercante und der Nordamerikaner Mac Call, in Europa Raymond Buyse (geb. 1889), mit dem das Problem der epistemologischen Struktur der Pädagogik und der Einordnung der experimentellen Pädagogik in den Bereich der Erziehungswissenschaften und damit das ihres Verhältnisses zur Ideologie wiederkehrt, diese Gedanken und Anregungen auf.

Wir beschränken uns hier darauf, nur auf die Position des zuletzt genannten Autors einzugehen, wie er sie 1935 in seinem Werk „L'experimentation en pédagogie" dargelegt hat. Seine Eingrenzung des Forschungsgebietes der wissenschaftlichen Pädagogik ist bestechend scharf: sie ist für ihn eine entschieden experimentelle Wissenschaft, was ihre Untersuchungstechnik angeht, praktisch in ihrer Zielsetzung und notwendigerweise pädologisch, was ihre Grundlage betrifft. Neben dieser eigentlichen Pädagogik gibt es für Buyse die „Philosophie der Erziehung" oder die „philosophische Pädagogik", welche spekulativ verfährt, ideologisch ist und damit eine Problematik enthält, die der wissenschaftlichen Pädagogik vollkommen fremd ist, sofern diese nämlich von der Prüfung pädagogischer Tatsachen zu Gesetzen zu gelangen trachtet, welche dann eine wissenschaftliche Bestimmung der effektivsten Techniken erzieherischen und unterrichtlichen Einwirkens ermöglichen und gestatten.

Wenn wir die Methode des Lesenlernens, der Rechtschreibung, des Erstrechnens, des Zeichnens usw. zu verbessern suchen, dann brauchen wir uns, so meint Buyse, nicht um den Gebrauch zu kümmern, den unsere Schüler davon machen werden, und es könne für uns recht belanglos sein, ob wir einem künftigen Bollandisten die erste Unterweisung geben oder einem neuen Renan das Lesen beibringen, ob wir einen angehenden Moralisten oder einen potentiellen Pornographen in das Schreiben und Zeichnen einführen, ob wir einem möglicherweise barmherzigen Wohltäter oder eventuell einem gefährlichen Anarchisten das Rechnenlernen ermöglichen, denn der erziehungswissenschaftliche Fachmann hat sich nur um *ein* Problem zu kümmern: dem erzieherischen Praktiker das effektivste und den geringsten Kraftaufwand erfordernde Verfahren an die Hand zu geben. Es gebe, so will uns Buyse belehren, weder eine bürgerliche, noch eine faschistische, noch eine sowjetkommunistische Wissenschaft; und wenn die Forschungsergebnisse zu politischen oder anderen Zwecken benutzt werden können, bleibt davon unberührt, daß das wahre Terrain der experimentellen Forschung von jedweder vorgefaßten Meinung, welche immer es auch sei, freigehalten werden muß. Da Buyse zu diesen vorgefaßten Meinungen auch die Ideologien zählt, können diese im Bereich der experimentellen Pädagogik keinerlei Bürgerrecht beanspruchen.

Also wird durch Buyse die Indifferenz der Pädagogik als experimenteller Wissenschaft gegenüber der Ideologie ein weiteres Mal bestätigt und in aller Breite dargelegt. Aber, so gilt es zu fragen, ist die von Buyse behauptete scharfe Trennung überhaupt möglich? Ist eine rein wissenschaftliche, experimentelle, technische, völlig von jedem ideologischen Inhalt und von aller ideologischen Verfaserung gereinigte Pädagogik überhaupt denkbar?

Das sind in der Tat Fragen, denen sich Emile Planchard, ein Schüler von Buyse, nicht entziehen konnte. Planchard ist sich darüber im klaren, daß man gegen die These von der Unabhängigkeit des Unterrichts von jeglicher Ideologie starke Vorbehalte machen kann. Jedes Curriculum, so heißt es in seinem Werk „Pédagogie scolaire", muß aus dem gesamten Wissensstoff eine Auswahl treffen; es wird dem einen mehr Raum geben als dem anderen, wobei es diese Auswahl und die Gewichtungen nicht mit psychologischen Argumenten oder gar mit Erwägungen der psychisch-geistigen Hygiene vornimmt, sondern aufgrund des erklärten oder versteckten Willens, auf unmittelbare Weise einem bestimmten Ziel zu dienen; so wird beispielsweise oft dasjenige eingeschränkt, was einem philosophischen oder religiösen Glauben entgegengesetzt sein könnte, um dem breiten Vorzug zu geben, was diesen zu begünstigen verspricht. Es steht für Planchard außer allem Zweifel, daß sich in jedem Unterrichtsprogramm und in jedem Unterricht ein bestimmter Einfluß jener allgemeinen Ideen aufdecken läßt, die das Ziel der Erziehung anzeigen. Nach seiner Überzeugung gehen Unterricht und Erziehung nicht nur Hand in Hand, sondern auch noch gleichen Schritts, so daß diejenigen, die geglaubt hatten, beide voneinander trennen zu können, oft ihr blaues Wunder erlebt und bald ihr erbärmliches Scheitern eingestanden haben. Aber für Planchard ist es ein Ding, einen gewissen ideologischen Einfluß und eine gewisse Verfilzung der Erziehungstechniken mit philosophischen, religiösen oder politischen Ideen anzuerkennen, und ein anderes, diese Techniken von der Ideologie abhängig zu machen. Aus diesem Grunde verweist er auf die von G. Devolvé in dessen Buch „La technique éducative" aufgestellte Behauptung, man müsse alle einzelnen Maßnahmen der Schulorganisation und der Schuldisziplin ausnahmslos als Ausfluß jener Ziele und Zwecke der Gesellschaft betrachten, der man angehört und in der man zu handeln verpflichtet ist. Dieser These kann Planchard seine Zustimmung nicht verweigern, aber er räumt einschränkend ein, man dürfe nicht vergessen, daß es ein Gebiet gibt, mit dem die Moral nicht unmittelbar zu tun hat: der reine Mechanismus und die meßbare Leistung der Schularbeit. Man müsse also unterscheiden zwischen „pädagogischem System" und „erzieherischen Fakten". Diese seien wie Bausteine, aus denen man Gebäude ganz unterschiedlicher Baustile errichten könne, je nach der Absicht des Architekten. Und Planchard folgert, daß, je mehr man sich in die einzelnen Details der Unterrichtstechnologie vertieft, die Elemente, die man dabei prüft, desto unabhängiger von erzieherischen Idealen werden. Und indem die didaktische Analyse immer weiter vorangetrieben wurde, habe die experimentelle Pädagogik dazu beigetragen, zwischen vielen Pädagogen, die sich bis dahin nicht einigen konnten, eine Verständigung herbeizuführen. Auch wenn sie nur diesen einen Vorteil hätte, würde sie es schon verdienen, in näheren Betracht gezogen zu werden.

Planchard zieht schließlich das Fazit, daß es notwendigerweise eine „teleologische Pädagogik" (rationaler Art) mit all ihren unverkennbaren Problemen gibt, welche offenbar jeder allgemeinen Technik eine gewisse Zielvorgabe aufprägt und damit eine einschränkende Kontrolle über sie ausübt; aber daneben gibt es eine „wissenschaftliche Pädagogik", die aus einer „Pädo-Technik" und der „objektiven" Erforschung erzieherischer Tatsachen als solcher besteht.

Wie man sieht, ist die Auffassung Planchards flexibler; eine völlige Unabhängigkeit von bzw. eine vollkommene Indifferenz der wissenschaftlichen und experimentellen Pädagogik gegenüber der Philosophie wagt er nicht mehr zu behaupten. Die Hauptschwäche seiner Argumentation besteht aber darin, daß er die Beziehung zwischen der sogenannten teleologischen Pädagogik und der wissenschaftlichen Pädagogik nicht genauer präzisiert und insbesondere die Art, in der die erste wirkt und auf die zweite einwirkt, nicht näher bestimmt. Methodologisch besteht Planchard auf der Trennung zwischen rationaler und experimenteller Methode, ohne sich aber das Problem der Konvergenz und der Integration der beiden Methodologien vor Augen zu stellen. Damit bleibt das Risiko, wenn nicht die große Gefahr bestehen, daß die experimentelle Pädagogik als die bloße Wissenschaft von Methoden und Mitteln zur dienstfertigen Magd jeder beliebig herrschenden Ideologie gemacht werden kann, indem sie ihr ihre raffinierten und erprobten Methoden und Verfahren anbietet. Gewiß stehen unterschiedliche pädagogische Forschungsarbeiten in einer je größeren oder geringeren Nähe zur Ideologie, und die Forschung der wissenschaftlichen und experimentellen Pädagogik steht ihr sicherlich weiter entfernt und ist daher der ideologischen Manipulation weniger unmittelbar ausgesetzt. Man muß allerdings mit aller Entschiedenheit sagen, daß diese Forschung nicht die ganze Pädagogik ausschöpfen kann, und vor allem muß man klarstellen, daß sie nicht die Pädagogik in der Gesamtheit ihrer Problemausfaltungen und erst recht nicht in der vollen Breite und Tiefe ihrer praktischen Auswirkungen abdeckt. Die „Pädagogik" muß hier auf den Plan treten, sie muß zu jenen Forschungen kritisch Stellung nehmen, und sie tut das, indem sie sie in einen direkten Zusammenhang mit der Erziehungspraxis bringt. Diese Forschung bedarf einer sorgfältigen philosophischen Begründung und Überprüfung, damit sie ein wirkliches Interaktionsverhältnis mit jenen Ideologien gewinnt, die beständig auf die Pädagogik einwirken. Die Möglichkeit, daß die Untersuchungen der wissenschaftlichen und experimentellen Pädagogik mit der Ideologie in Wechselwirkung treten, hängt im Grunde von ihrer philosophischen Standfestigkeit ab; wenn sie von kritischem Bewußtsein durchdrungen sind, (d.h. von dem der Philosophie eigentümlichen kritischen Bewußtsein), entziehen sie sich den Zugriffen der Ideologie und interagieren mit dieser, und zwar im Sinne der Auflösung ihrer Verkrustungen und des Aufbrechens ihrer dogmatischen Verhärtungen.

4. Die dialektische Pädagogik

Die Geschichte der Pädagogik wird so überwiegend von der aus philosophischem Geist lebenden und sich philosophischer Methoden bedienenden Pädagogik beherrscht, daß, wollte man diese kritisch-dialektische Pädagogik hier historisch rekonstruieren, man nichts Geringeres zu leisten hätte, als diese lange Geschichte selbst Revue passieren zu lassen. Es muß also genügen, an dieser Stelle nur exemplarisch auf einige pädagogische Denkansätze hinzuweisen, bei denen die Merkmale einer dialektischen Pädagogik besonders deutlich hervortreten und bei denen die Wechselbeziehung zur Ideologie offenkundig zutage tritt.

Ehe wir jedoch dazu übergehen, ist es notwendig, das Problem des philosophischen Charakters der Pädagogik noch einmal aufzunehmen. Bei anderer Gelegenheit haben wir von einer „internen" Rolle der Philosophie im interdisziplinären Kontext der Pädagogik gesprochen, wobei wir diese Rolle, wie oben schon angedeutet wurde, in drei verschiedene Aspekte zerlegen. Versuchen wir, uns diesen Zusammenhang kurz ins Gedächtnis zu rufen.

Der erste dieser Aspekte besagt, daß die Philosophie innerhalb der Pädagogik eine kritische Funktion gegenüber der Erziehung ausübt, indem sie dieser neue Möglichkeiten aufzeigt und erzieherische Lösungen entwirft für neue Situationen, die sich geschichtlich aus dem gesellschaftlichen Umfeld ergeben. Offensichtlich handelt es sich dabei um einen Aspekt, unter dem die Erziehungsphilosophie mit der Ideologie in Auseinandersetzung gerät, und zwar dergestalt, daß sie die Ideologie zur Debatte stellt und ihre historisch-gesellschaftliche Stimmigkeit überprüft bzw. verifiziert. Auf der einen Seite kommt so die Ideologie zu stehen, die als kristallisiertes Denken sich der Kritik entzieht, indem sie Endgültigkeit für sich beansprucht, auf der anderen dagegen die Philosophie, die Kritik übt, und zwar aufgrund ihres prozeßhaften Charakters, der zu ständigem Fortschreiten und Weitersuchen nötigt. Genau in diesem Aufeinandertreffen wird das Typische jener dialektischen Beziehung sichtbar, von der wir die ganze Zeit schon gesprochen haben: Die Ideologie wird vom Strom des kritischen Denkens erfaßt, und die Stauwehre des Dogmatismus werden weggespült.

Ein zweiter Aspekt dieser inneren Verbindung von Philosophie und Pädagogik ist in der epistemologischen Vermittlung zu sehen, die die Philosophie im Hinblick auf die Mannigfaltigkeit der wissenschaftlichen Daten leistet, die von den einzelnen Human- und Sozialwissenschaften bereitgestellt werden und die die Pädagogik in ihren interdisziplinären Zusammenhang zu integrieren und zu strukturieren hat. Es handelt sich dabei immer um eine kritische Rolle in dem Sinne, daß die Philosophie jede Einzelwissenschaft in ihre Grenzen verweist, ihren Beitrag gewichtet und ihre Aufgabe bestimmt. In dieser Hinsicht schaltet sie sich kritisch ein, um ideologische Auswülste zu verhindern oder zu beschneiden und um Reduktionismen und Einseitigkeiten zu vermeiden, welche der Pädagogik von daher drohen, daß eine bestimmte wissenschaftliche Disziplin oder ein spezifischer Beitrag zum Schaden anderer eindeutig übergewichtet wird, wie es z.B. geschieht, wenn man psychologische Theorien der Pädagogik errichtet (Ideologisierung der Psychologie) oder soziologistische (Ideologisierung der Soziologie) oder biologistische (Ideologisierung der Biologie) und so fort.

Wenn man hier der Psychologie, da der Soziologie, dort der Biologie pädagogische Sonderrechte einräumt, blähen sich die Daten dieser Wissenschaften zu einer Art von ideologischem Wasserkopf auf, und die Pädagogik wird in ihrer spezifisch interdisziplinären Gestalt verändert und wird so verunstaltet. In diesem Falle hat die Philosophie die Aufgabe, das ursprüngliche Gleichgewicht wieder herzustellen und die Beiträge der einzelnen Wissenschaften zu redimensionieren.

Ein dritter Aspekt besteht im Beharren der Erziehungsphilosophie auf der Problematik der erzieherischen Werte. Aber das nicht etwa in einem abstrakt normativen oder gar Regeln vorschreibenden Sinne, sondern just in kritischer Bedeutung, und zwar kritisch in bezug auf ein System von Werten, das ständig dazu tendiert, sich ideologisch zu verfestigen oder in einem statischen und unbeweglichen noologischen Apparat zu erstarren; und diese kritische Einstellung hat auch konstruktiv zu sein im Hinblick auf neue Wertentwürfe der Erziehung, die zuletzt bis an die Schwelle zur Utopie heranreichen. Es ist leicht einzusehen, daß dieser dritte Aspekt mit dem ersten insofern verknüpft ist, als es in beiden um das Wachhalten jenes kritischen und problematisierenden Bewußtseins geht, das allein die Philosophie, die wie ein Sauerteig innerhalb der Erziehung wirkt und zur Formulierung ständig neuer Hypothesen, Entwürfe und Strategien herausfordert, Hypothesen, die nicht darauf hinzielen, eine bestimmte Weltanschauung zu konservieren, sondern eine neue hervorzubringen, genauer gesagt: eine neue Sicht der Welt zu konzipieren oder gar eine neue Welt zu entwerfen. Dieser spezifische Charakter der Philosophie ist beispielsweise von Angelo Broccoli in seinem Buch „Ideologia e educazione" deutlich hervorgehoben worden. Wenn die Humanwissenschaften, so meint Broccoli, sich dem Studium der erfahrbaren und historischen Subjektivität des Menschen und seiner Umgebung widmen, besteht für sie die Möglichkeit, Arbeitshypothesen aufzustellen, d.h. Entwürfe über eine mögliche Veränderung des Menschen in eine gewisse Richtung hin; dabei erreichen diese Entwürfe einen Grad an Wissenschaftlichkeit in dem Maße, in dem sie neue Wirklichkeit schaffen oder die bestehende umformen. Genau darin liegt für Broccoli die wahre Überwindung der Ideologie, daß man Mechanismen der Unterdrückung ans Licht bringt, um darin Instrumente der Befreiung zu suchen, und gerade darin besteht die kritische Arbeit der Demystifizierung und Entschleierung, die die Philosophie innerhalb der Erziehung und der ihr zugeordneten Wissenschaften übernimmt.

Wenn wir aus der neueren Zeit eine Pädagogik in das Gedächtnis zurückrufen wollen, in der der Sinn für die Geschichtlichkeit der Erziehung wirklich lebendig ist und die sich daher offen zeigt für die notwendige Weiterentwicklung jeder theoretischen Position, eine Pädagogik, die gleichzeitig dialektisch verfährt und eine kritische Einstellung gegenüber jeder Ideologisierung einnimmt, kann man sich auf diejenige berufen, die in der ersten Hälfte des vorigen Jahrhunderts im kulturellen Klima des romantischen Idealismus von Friedrich Daniel Schleiermacher (1768-1834) entwickelt wurde, eine Pädagogik, die zu ihrer Zeit wenig Gelegenheit hatte, breit hervorzutreten, da sie von der Herbartschen Pädagogik überschattet wurde, die systematischer aufgebaut, technisch besser ausgefeilt und damit leichter „anwendbar" war.

Und doch zeichnet sich Schleiermacher durch die entschiedene Forderung aus, die Pädagogik grundsätzlich dem Anspruch zu entziehen, sie solle und könne zu absoluten und endgültigen Lösungen gelangen. Er nimmt offenkundig Front gegen die These von einer allgemeingültigen Pädagogik, und er tut das aus der Überzeugung heraus, daß jede Auffassung von Erziehung und jede Erziehungstheorie in Wechselbeziehung zu der Epoche steht, in der sie sich artikuliert, den geschichtlichen Bedingungen unterworfen ist und ihr spezifisches Gepräge gemäß den gesellschaftlichen Gegebenheiten erhält.

Nach Schleiermacher schaltet sich die Philosophie ein, um Widersprüche zu entwirren und aufzuklären, die in der Erziehungspraxis auftreten, und sie führt so zu einer Synthese, in der alle Antinomien aufgehen, und zwar kraft jenes dialektischen Denkens, das dem Philosophieren als solchem eigen ist.

Damit hat Schleiermacher ein Wissen vor Augen, das über jene Einzelformen des Wissens hinausgeht, die dieser Denker jeweilig empirisch und historisch nennt. Das philosophische Wissen geht aus vom empirischen Wissen, das an das praktische Leben gebunden ist, aber es fließt umgekehrt in die Praxis zurück und verleiht dieser Stimmigkeit und Rationalität. Man kann ohne weiteres in den Bereich, den Schleiermacher als praktisches Wissen bezeichnet, jeden ideologischen Apparat mit einbeziehen, und zwar wegen des Zusammenhangs, in dem dieser mit den praktischen Zielen steht, während die

Einwirkung, die das spekulative, philosophische Denken auf diesen Apparat ausübt, eben jene Kritik an der Idelogie und ihrer begrifflichen Starrheit ausmacht, die das philosophische Wissen von Grund auf kennzeichnet.

Das philosophische und spekulative Denken als ein Denken, das darauf hinzielt, jede Form von Antithese zu überwinden, wird von Schleiermacher auch als Mittel bezeichnet, um die Antinomien auszugleichen, die zwischen den erzieherischen Institutionen (Familie, Beruf, Staat, Kirche) auftreten. Diese, sagt Schleiermacher, reiben sich ständig aneinander, und eine beansprucht die Vorherrschaft über die andere. Um diese Hegemonie zu rechtfertigen, suchen sie Unterstützung durch eine Doktrin, und auf diese Weise schaffen sie sich ihre Ideologie. Genau hier erwächst die Notwendigkeit des philosophischen Denkens, das — indem es Kritik an den Theorien übt, mit deren Hilfe jede der erzieherischen Institutionen die andere zu übertrumpfen beansprucht — die Harmonie unter ihnen herstellt, ohne sie jedoch zu unterdrücken oder eine der anderen zu opfern.

Die Philosophie führt in der Tat die einander entgegengesetzten Ideologien in ihre Grenzen zurück und wägt ihre Gültigkeit gegeneinander ab. Besonders bezeichnend für Schleiermacher ist dabei das dialektische Verfahren, mit dem er den klassischen pädagogischen Antinomien wie „individuell" und „allgemein", „Gleichheit" und „Ungleichheit", „Gegenwart" und „Zukunft" in der Erziehung zu Leibe rückt, indem er die Ideologien, die dazu neigen, das Übergewicht eines dieser Pole über den bzw. die anderen zu erklären, schonungslos als solche entlarvt. Was beispielsweise den Widerspruch zwischen „individuell" und „allgemein" angeht, zeigt Schleiermacher die negativen Folgen der Absolutsetzung des einen zum Nachteil des anderen auf. Wenn der eine verschwindet, erklärt Fritz Blättner in seiner „Geschichte der Pädagogik" interpretierend und kommentierend[8], „so ist auch der andere gelöscht, und Tod ist an die Stelle des Lebens getreten. Eigentümlichkeit bildet sich nur in der Hingabe an das Allgemeine, und die großen Gemeinschaften leben von der individuellen Kraft, die sich in ihnen erfüllt."

Die philosophische Kritik zeigt gleicherweise die Einseitigkeit und Abstraktheit des Gegensatzes zwischen Gleichheit und Ungleichheit auf, wenn diese Begriffe aufgrund von Verabsolutierungen resp. Reduktionismen einander antinomisch gegenübergestellt werden, wie es durch das ideologische Denken regelmäßig geschieht. Schleiermachers philosophischer Geist unterscheidet konkret zwischen „angestammter Ungleichheit" und „angeborener Ungleichheit", wobei jene von der gesellschaftlichen Klasse abhängt, der die ein-

---

8. Vgl. zum folgenden Fritz Blättner: *Geschichte der Pädagogik*, Heidelberg [15]1980, S. 173 ff.

zelnen angehören, während diese in den natürlichen Unterschieden von Anlage, Fähigkeiten und Talent wurzelt. Jetzt, so sagt unser Autor, gestattet das aus dem philosophischen Wissen geschöpfte „geistige Prinzip" der Erziehung, die angestammte Ungleichheit und damit den Klassencharakter der Erziehung zu überwinden durch eine „allgemeine Bildung", und ebenso gestattet es, die angeborene Ungleichheit zu besiegen, und zwar in dem Maße, in dem sie zwar eine objektive Grenze darstellt, aber vom Individuum als solche anerkannt und in einer solchen Weise „gelebt" wird, daß sie die Möglichkeit des Darüberhinauswachsens und des Weiterschreitens des zu Erziehenden nicht verriegelt.

Eine dritte Antonomie besteht in der Entgegensetzung von einerseits einer Erziehung, die ganz den Erfordernissen und Bedürfnissen der Gegenwart entspricht, so wie es Rousseau wollte, und andererseits einer Erziehung als auf die Zukunft gerichtete Tätigkeit. Die eine wie die andere Position sind für Schleiermacher in ihrer antinomischen Gegenüberstellung abstrakt, sie werden jedoch in dem Augenblick konkret, da sie sich dialektisch vermitteln, denn „die Lebenstätigkeit, die ihre Beziehung auf die Zukunft hat, muß zugleich auch ihre Befriedigung in der Gegenwart haben".

Seinen ganzen Begriff der „Erziehung" hat unser Verfasser dialektisch entwickelt, und zwar durch die Kritik an den einseitigen Positionen, die einander gegenüberstehen, und an den Lehren, auf die sie sich stützen. Die einzelnen Momente dieses dialektischen Erziehungsbegriffes sind jene der „Behütung", der „Gegenwirkung" und der „Unterstützung". Die Unterstützung hebt die Einseitigkeit der Behütung und der Gegenwirkung auf und realisiert daher den echten „dialektischen" Begriff der Erziehung, die darauf ausgerichtet ist, den einzelnen einem ethischen Ziel zuzuführen, indem sie das zu Behütende behütet, dem Entgegenzuwirkenden entgegenwirkt, aber beide Aktivitäten in eine Tätigkeit der „Verstärkung" alles dessen zusammenfaßt, was von der Natur des Zöglings selbst herrührt (Spontaneität) und aus seiner äußeren Umwelt (Einfluß der Gesellschaft) kommt. Infolgedessen tritt jedesmal, wenn im Laufe der Geschichte die Erziehung dazu neigt, sich in eines der beiden abstrakten und antithetischen Momente abzukapseln, das spekulative Denken auf den Plan, um die Synthese wiederherzustellen und damit die Erhebung einer der beiden antithetischen Positionen zur alleingültigen Lehre, d.h. die korrelative Ideologie im eigentlichen Sinne zu bekämpfen. Das pädagogische Denken Schleiermachers ist auch in bezug auf die richtige Bestimmung der Beziehung zwischen Philosophie und Religion bedeutsam. Unser Verfasser ist ein tief religiöser Denker (er war Prediger in Berlin, und eines seiner bedeutendsten Werke ist „Der christliche Glaube nach den Grundsätzen der evangelischen Kirche"), und doch findet sich in seinem Denken keine religiöse oder gar konfessionelle Ideologisierung, wenngleich es auch nicht frei von Spuren eines mystischen Romantizismus ist. Die kritische und dialektische Methode der Philosophie überragt jede doktrinäre Befangenheit, und infolgedessen überwiegt bei ihm die Neigung zum Pluralismus, zur Dialektik, zum Weiterdenken — alles Züge, die seiner Pädagogik, aller Verabsolutierung und daher jeglicher ideologischen Erstarrung abhold, ein ganz unverwechselbares Gepräge geben. Nicht ohne Grund erweist Schleiermacher der Idee der Freiheit größte Reverenz und macht sie sozusagen zum Signum seiner Pädagogik; aber unter Freiheit versteht er nicht eine unmittelbare Spontaneität, sondern den Zustand des Gleichgewichts und die Synthese von Normativität und Spontaneität.

Eine philosophische Pädagogik, deren Unabhängigkeit von der Ideologie sich als Autonomie gegenüber der Politik artikuliert, ist die Herbartsche. Aus diesem Grunde wurde sie auch, wie wir oben schon erwähnt haben, von den Theoretikern der nationalsozialistischen Erziehung bekämpft, die ja genau das Gegenteil vertraten, nämlich die Abhängigkeit der Pädagogik von der Politik und vom Staat als souveränes Werkzeug seiner Macht. Um jedoch Mißverständnissen vorzubeugen, muß man sogleich hinzufügen, daß die von Johann Friedrich Herbart (1776-1841) gewollte Unabhängigkeit nur in einer Hinsicht positiv zu bewerten ist (in dem Maß nämlich, in dem er die „Subordination" der Pädagogik unter die politische Ideologie ablehnt), in anderer Hinsicht dagegen eher negativ gesehen werden muß, wenn Herbart jenen Bruch mit den Instanzen der Gesellschaft herbeiführt und daher die Subjektivität des zu Erziehenden von jener Objektivität trennt, in der und für die diese Subjektivität sich verwirklicht und konkrete Gestalt gewinnt. Aber betrachten wir diesen interessanten und häufig zu wenig beleuchteten Aspekt des Herbartschen Denkens einmal näher!

In seiner „Allgemeinen Pädagogik aus dem Zweck der Erziehung abgeleitet" erörtert Herbart von Anfang an das Problem der „Autonomie" der Pädagogik. Indem er tadelt, daß die Medizin, die sich immerhin auf Erfahrung gründet, zum lockeren Boden geworden sei, „in welchem die neuesten Philosopheme jetzt üppig wuchern", fragt er sich, ob es der Pädagogik bald ebenso ergehen solle. Solle etwa auch sie zum Spielball der Sekten werden? Und er gibt dann gleich in der Einleitung zu seinem Buch die bekannte und oft genug zitierte Antwort: „Es dürfte wohl besser sein, wenn die Pädagogik sich so genau als möglich auf ihre einheimischen Begriffe besinnen und mehr ein selbständiges Denken kultivieren möchte; wodurch sie zum Mittelpunkte eines Forschungskreises würde, und nicht mehr Gefahr liefe, als entfernte, eroberte Provinz von einem Fremden aus regiert zu werden."

Mit dem Ausdruck „Sekten" bezeichnet Herbart sicherlich die Ideologien, und die von ihm für die Pädagogik reklamierte Autonomie ist grundsätzlich auf die Politik bezogen, obgleich er sich bewußt ist, daß sich eine solche Autonomie im absoluten Sinne nicht verwirklichen läßt. In der Tat warnt er, die Pädagogik für eine freiere Kunst zu halten, als sie wirklich ist. Und er konstatiert: „Allemal werden politische Meinungen und Absichten Einfluß auf sie ausüben". Die niederen Stände würden durch Vorteil und Ehrgeiz getrieben, sich emporzuarbeiten, indem pädagogisch falsche Triebfedern zwar Leistungen hervorbringen, aber den Menschen nicht veredeln. Der Staat suche aus den höheren Ständen seine Beamten und bilde sie dazu aus; auf diese Weise korrumpiere er die Erziehung.

Nichtsdestoweniger ist das Ideal Herbarts das einer der Einmischung der Politik und der Bevormundung durch den Staat entzogenen Pädagogik. Das Erziehungsgeschäft, proklamiert er, wird, soweit es sein kann, frei vom Druck der politischen Rücksichten und kann sich alsdann (wie es soll) den eigentümlichen Naturen der Menschen anzuschließen versuchen.

Fritz Blättner sieht hier zu Recht einen der großen Irrtümer Herbarts. Denn diese „wahre Natur" des Menschen, „jenseits und unberührt von den großen Anliegen des Staates, der Glaubensgemeinschaften, der Wissenschaften, der Stände und Berufe gibt es gar nicht: welch eine entsetzliche Leere gähnt uns an: Es gibt kein subjektives Leben ohne die entsprechende Objektivität und die von ihr beseelte menschliche Welt, kein Sprechen ohne Sprache und Sprachgemeinschaft, kein Gehorchen ohne Gesetz, Ordnung und Staat, keinen Glauben ohne Glaubensgehalte und Glaubensgemeinde, kein Wissen ohne Gewußtes und Mitdenkende. Freilich," fährt Blättner in seiner *Geschichte der Pädagogik* fort, „wer *nur Objektives* ‚vermitteln' will, verfehlt das Beste, die geistige Lebendigkeit, mit der es ergriffen und notwendig verändert und weitergebildet wird. Aber die geistige Lebendigkeit, die Fülle des unmittelbaren inneren Lebens ist an objektive Gehalte, an Ordnungen und Satzungen gebunden, die immer zerbrochen und neu gestaltet werden sollen — aber sie müssen zuerst gelernt, geachtet und durchdrungen sein, bevor man an ihrer Weiterbildung (oder auch Zerstörung) seine individuelle Gestalt gewinnen kann. Die Persönlichkeit, die Individualität steht nicht am Anfang, sondern am Ende, und man gefährdet sie, wenn man ihr die Gelegenheit nimmt, sich am widerstreitenden Objektiven zu entfalten, sich an der Welt abzuarbeiten und im umfassenden Ganzen zu bewähren.".[9] Denselben Gedankengang kann man nun im Hinblick auf die Ideologie anstellen. Die Pädagogik kann sich ihr

---

9. Fritz Blättner: *Geschichte der Pädagogik*, Heidelberg ¹⁵1980, S. 221.

nicht entziehen, und infolgedessen kann die Erziehung nicht von der Politik losgelöst und, von einer trügerischen Unabhängigkeit träumend, in das Wolkenkuckucksheim einer absurden Autonomie versetzt werden, weil man so die Erziehung vom lebendigen Stamm des sozialen Lebens mit seiner Kultur und seinem Reichtum an Überzeugungen, Meinungen und Einstellungen lostrennen müßte.

Es geht also nicht darum, jede Beziehung zwischen Pädagogik und Ideologie abzubrechen, sondern nur ihre gegenseitige Abhängigkeit zu überwinden. Die Pädagogik, die sich kraft der philosophischen Methode konstituiert und konstruiert — was Herbart sehr entschieden verficht —, ist aufgerufen, eine dialektische Beziehung mit der Ideologie einzugehen, oder anders ausgedrückt: mit ihr in Wechselwirkung zu treten. Das bedeutet nicht die Trennung der Erziehung von der Politik, sondern eine „interaktive" Beziehung zur Politik, und zwar aufgrund jenes von der philosophischen Methode geschliffenen kritischen Mordents. Diese Beziehung durchschaut und berücksichtigt Herbart nicht — und das ist sein anderer Irrtum —, indem er nämlich einen der Pole übersieht, auf den das philosophische Denken sich unweigerlich beziehen muß: jene „Objektivität", von der Blättner in dem oben angeführten längeren Zitat handelt, wenn er das Problem unter dem Gesichtspunkt der Beziehung zwischen Subjektivität und Objektivität betrachtet.

Offenkundig hat Blättner bei seiner Kritik an Herbart die Position Schleiermachers vor Augen, dem seine unverhohlenen Sympathien gelten. Wie wir schon gesehen haben, ist Schleiermachers Pädagogik viel dialektischer, viel stärker von dem Gärungsferment der philosophischen Methode durchdrungen, und das wohl deshalb, weil Schleiermacher sich ganz in den Bahnen des Idealismus bewegt, der geradezu einen Kult der Dialektik betrieb, während Herbart bekanntlich eine Gegenposition zum Idealismus einnimmt und jedenfalls wenig Gespür für dialektisches Denken zeigt. Gewiß ist seine Pädagogik eine echt philosophische, die keine Nachsicht mit der Ideologie kennt, wobei sie das aber, so wiederholen wir, auf zweifellos irrige und unfruchtbare Weise tut.

Die philosophische Pädagogik findet gerade wegen ihrer dialektischen Struktur im Idealismus einen besonders fruchtbaren Nährboden. Die Pädagogik Giovanni Gentiles, die wohl das ausgefeilteste und am meisten systematische aller pädagogischen Systeme darstellt, die dem Stamme des Idealismus entsprossen sind, ist eine philosophische Pädagogik, die auf einer dialektischen Beziehung zur Ideologie beruht, wie immer man sie auch beurteilen mag.[10]

10. Vgl. dazu vor allem G. Gentile: *Philosophie und Pädagogik*, hrsg. v. K.G. Fischer, Pader-

Von der theoretischen Seite her kann und darf sie nicht mit der faschistischen Pädagogik verwechselt werden, im Gegensatz zu dem, was oberflächliche und selber „ideologische" Kritiker glauben. Die Pädagogik Gentiles ist eine „offene", soviel ist sicher; und auch nur deshalb konnte sie zum Ausgangspunkt verschiedener Richtungen werden, die sozusagen durch dialektische „Keimung" aus ihr hervorgegangen sind. Und nicht nur das; sie hat schon während des Faschismus bei einigen Gentilianern eine immanent kritische Haltung gegenüber der faschistischen Ideologie hervorgerufen, die freilich selbst die Intelligenz des Regimes in ihrer Tragweite voll zu erfassen nicht imstande war; man denke an so kritische Köpfe wie Codignola, an Fazio-Allmayer, an Spirito, sogar an Lombardo-Radice!

Gentiles Grundbegriff des *Aktes*, der unaufhörlich und in einem nie abschließbaren und an ein Ende kommenden Erziehungsprozeß, welcher mit dem Werden des Geistes zusammenfällt, weiterwächst, ist von Grund auf antiideologisch; denn er läßt die Pädagogik zusammenfallen mit der Suche nach neuen Erziehungsmöglichkeiten, und das sowohl in axiologischer als auch in methodologischer Hinsicht. Diese Übereinstimmung führt zu einer grundsätzlich kritischen und antidogmatischen pädagogischen Theorie, die wohl am konturenschärfsten im Denken von Giuseppe Lombardo-Radice Gestalt gewinnt, der bekanntlich eine Pädagogik vertrat, die sich pädagogischen, besonders reformpädagogischen Strömungen verschiedenartigster ideologischer Prägung gegenüber offen hielt und auf Weiterentwicklung und weiteren Ausbau angelegt war.

Man muß sich zudem vergegenwärtigen, daß die Auffassung Gentiles vom reinen Akt des Denkens vor jeder ideologischen Erstarrung zurückschreckt; soviel ist jedenfalls sicher, daß ihre dialektische Überwindung durch verschiedene Formen der „Bekehrung" möglich war, denke man nun an den Spiritualismus eines Armando Carlini (1878-1959), der, obwohl er den Begriff des Aktes beibehält, diesem ontologische Konkretheit in einem der Transzendenz geöffneten Denken zuweist; an den absoluten Realismus eines Vincenzo La Via (geb. 1895), bei dem der Idealismus, in Umkehrung seiner eigenen Logik sich in einen theologischen und religiösen Realismus verwandelt; an den Problematizismus eines Ugo Spirito (geb. 1896), der gerade den Akt als einen Prozeß der Suche nach Wahrheit auffaßt, dergestalt, daß er das Leben selber als Suche kennzeichnet, indem er explizit die Merkmale des Nichtabschließbaren und des fortwährenden Weiterschreitens geltend macht; und endlich an den Aktivismus eines Ernesto Codignola (1885-1965), der den Aktualismus eng mit

---

born 1970, und S. Sganzini: *Giovanni Gentiles aktualistischer Idealismus,* in: „Logos", 14 (1925) S. 163-239.

dem Pragmatismus verbindet, und zwar in einer ausgesprochen laizisitischen und antidogmatischen pädagogischen Sicht.

Aber auch auf der Ebene der pädagogischen Praxis kann man von Giovanni Gentile und von Giuseppe Lombardo-Radice (1879-1939) nicht sagen, daß sie die Pädagogik der Ideologie untergeordnet hätten. Sie haben stets gegen eine Verkürzung der Erziehung zur Indoktrination gekämpft und sich kategorisch geweigert, die Pädagogik als objektives und regelgebendes Wissen aufzufassen; vielmehr sahen sie in ihr eine Art des Formens und ein beständiges unausschöpfbares Erfinden von Zwecken und Mitteln, Methoden und Hilfsmitteln, mithin eine Tätigkeit, die notwendig und zumindest implizit in eine dynamische, interaktive und dialektische Beziehung zu jeglicher Ideologie gedrängt ist.

Eine andere von den Merkmalen der Nichtabschließbarkeit, des unaufhörlichen Weiterarbeitens und der Kritik geprägte Pädagogik ist jene, an deren Anfang John Dewey (1859-1952) steht. Die Erziehung ist in der Sicht Deweys nichts Definiertes und nichts Definitives; sie steht in engster Verbindung mit der Erfahrung, und sie stellt für diese jenen Faktor dar, der ihr Bereicherung, Erweiterung und Fortentwicklung gewährleistet. Die Erfahrung ist, so meint Dewey, eine endlose Spirale, dermaßen, daß sie in ihrem Fortgang immer neue Probleme stellt, die weiterer Untersuchungen bedürfen, die ihrerseits wiederum auf den Erziehungsprozeß einwirken und ihn modifizieren, indem sie in ständiger Folge ein umfassenderes Denken und ein ausgedehnteres Wissen fordern. Das Denken wird infolgedessen nie definitiv und erschöpfend sein, es kann sich nie in sich selbst verschließen und kristallartig verfestigen, was letztlich heißt, daß es nie ideologische Struktur annehmen kann. Das ideologische Denken als starres, in sich selbst versteiftes und sich jeder Weiterentwicklung versagendes Denken ist just das Gegenteil jenes Denkens, das im Schoß der Pädagogik wirkt und ein mutmaßendes, hypothetisierendes und somit fließendes und der Weiterentwicklung zugängliches Denken ist.

Für Dewey wirkt die Philosophie der Erziehung als kritisches Ferment im Innern der Pädagogik, nicht mit der Aufgabe, Prinzipien und Wahrheiten, Ideale oder Werte vorzuschreiben, sondern um Arbeitshypothesen von breitester Anwendungsmöglichkeit bereitzustellen, Hypothesen, die in der Erfahrung und in der Erziehungspraxis erprobt und nachgeprüft werden müssen. Es ist für Dewey in der Tat die letztere, die die erzieherischen Ziele und Werte im Laufe ihrer Entwicklung bestimmt. Der Beitrag der Erziehungsphilosophie ist daher ein praktischer, und er besteht in der Kritik an dogmatisch als endgültig angesehenen Zwecken und Werten und in der Anregung zu neuen Zielen, neuen Methoden und neuen Materialien. Die Ziele und Werte, — weit davon entfernt, in einer Ideologie verdichtet zu sein, die sich kritiklos aufzwingt —, müssen aus dem Erziehungsprozeß selbst resultieren, da die Erziehung in sich selbst ein ständiger Prozeß der Entdeckung derjenigen Werte ist, die dazu geeignet sind, daß man sie als Ziele verfolgt: Das beobachten, was geschieht, und die Ergebnisse dessen festhalten, was sich abspielt, so daß man ihre weiteren Folgen im Entwicklungsprozeß feststellt und so bis ins Endlose fort, das ist für Dewey die einzige Möglichkeit, den Wert dessen, was geschieht, zu ermessen. Wie man sieht, kennzeichnen also kritisches Bewußtsein, Offenheit und Unausschöpfbarkeit von Grund auf die Pädagogikauffassung Deweys, die sich daher in dem von uns definierten Sinne den Antipoden des ideologischen Denkens an die Seite stellt.

Diese Grundorientierung Deweys beruht ohne Zweifel darauf, daß in seiner Pädagogik allerorten und allgegenwärtig jenes philosophische Denken am Werke ist, das wir seiner prinzipiellen Verfassung nach als antiideologisch gekennzeichnet haben, und das gilt unbeschadet der Verschiedenheit der Interpretation, denen die Deweysche Pädagogik ausgesetzt war und ist, Inptretationen, die den Akzent einmal mehr auf die pychologische Begründung, einmal mehr auf die soziologische Inspiration legen und dabei vergessen, daß diese Inspirationen in seinem Denken wohl gegeben sind, aber stets nur in fester Verknüpfung mit seiner philosophischen Inspiration, ja genau genommen von dieser philosophischen Inspiration geradeheraus abhängen, wobei diese als grundlegend anzusehen und in unverkennbare Nähe zu jener dialektischen Form von Idealismus zu rücken ist, die bekanntlich auf die geistige Entwicklung Deweys tief eingewirkt hat.

Das Deweysche Denken liefert so eine weitere Verifizierung und eine neuerliche Bestätigung unserer These, daß die philosophische Pädagogik in der Lage ist, eine dialektische und interaktive Beziehung zur Ideologie herzustellen, somit fähig wird, ihrerseits auf die Ideologie einzuwirken, und sich schließlich ihrem Diktat entziehen kann. Noch einmal stellt sich uns also die Philosophie als ein Denken dar, das die Ideologie übersteigt und dies schon im Augenblick seiner Entstehung tut, weil es auf Weiterentwicklung drängt, eine Weiterentwicklung, wie sie der Bewegung der Geschichte eigentümlich ist.

5. Ideologie und Schule

Eine Erörterung des Verhältnisses der Ideologie zu Erziehung und Pädagogik verlangt unausbleiblich nach einer Ausweitung auf das Verhältnis von Ideologie und Schule. Dieses Problem stellt bei genauerer Betrachtung kein anders gelagertes Problem dar, sondern verlangt nur nach einer Spezifizierung unserer bisherigen Überlegungen. Ging es uns bis hierher um die problematische Verknüpfung der Ideologie mit der Erziehung und mit der Pädagogik, so verschiebt sich der Problemzusammenhang nunmehr auf ihre Verbindung mit der Gesellschaft und mit der Politik, sofern wir uns nun mit der Verknotung der Ideologie in der Gesellschaft befassen müssen, da es sich bei der Schule ja um eine gesellschaftliche Einrichtung handelt.

Welche Stellung beansprucht also die Ideologie in der Schule? Welches Bürgerrecht besitzt sie dort? Kann sich die Schule gegen die Ideologie immunisieren? Und wenn ja, unter welchen Bedingungen ist ihr das möglich? Und schließlich: welche Einstellung nehmen die in der Schule und für die Schule Tätigen der Ideologie gegenüber ein?

Es ist dies eine Reihe von Fragen, aus denen man die eine Kernfrage herausschälen kann: In welcher Beziehung steht die Schule zur Ideologie? Von der Antwort auf diese Frage hängt nicht nur und nicht in erster Linie die von den Lehrkräften und den Schulleitern der Ideologie gegenüber einzunehmende Haltung ab, sondern vor allem das Schicksal der Schule selbst, d.h. ihre Möglichkeit, Schule im authentischen Sinne des Wortes zu sein.

Um auf alle diese Fragen zu antworten, ist es indessen notwendig, sich zunächst über den Begriff „Schule" zu verständigen.

Es ist wiederholt gesagt worden, die Schule sei eine soziale Institution, genau: jene Einrichtung der Gesellschaft, die die Aufgabe hat, das Kulturgut und die Errungenschaften der Menschheit auf allen Gebieten der Wissenschaft und der Kunst zu überliefern, und zwar in dem Doppelsinn der Bewahrung der Kultur und der Aufrechterhaltung der Sozialordnung. Die Gesellschaft, d.h. eine bestimmte Gesellschaft, will sich mit Hilfe der Schule behaupten, erhalten und ihren Bestand sichern. Diese Tatsache, die gewiß zum Wesen der Schule gehört, dieses aber keineswegs erschöpft, hat bei Louis Althusser jenes bekannte Mißverständnis hervorgerufen, von dem wir sogleich zu sprechen haben werden.

Wenn Althusser die Schule unter dem Gesichtspunkt der Erhaltung der Gesellschaft betrachtet, identifiziert er sie völlig mit einem Staatsapparat, mittels dessen dieser seine repressive Gewalt in versteckter und symbolischer Form ausübt.

Diese These von Althusser verdient es, aufmerksam geprüft zu werden, weil sie Schule und Ideologie so eng aneinander bindet, daß sie *tout court* die Schule von der Ideologie abhängig macht und in der Schule selbst ein Werkzeug der Ideologie sieht.

Grundlage dieser Theorie ist offensichtlich die marxistische Auffassung vom Staat als dem Produkt der herrschenden Klasse. Die marxistische Tradition, so führt Althusser aus, betrachtet den Staat als einen Mechanismus der Unterdrückung, der es den herrschenden Klassen erlaubt, sich die Obergewalt über die Arbeiterklasse zu sichern, um sie dem Auspressungsprozeß des Mehrwertes (d.h. der Ausbeutung durch den Kapitalismus) zu unterwerfen.

Daraus folgt, daß der Staat als Instrument der Klassenherrschaft wesentlich einen „Apparat" oder eine Gewalt darstellt, die repressive Eingriffe vollzieht und darauf gerichtet ist, der bürgerlichen Klasse die Vorherrschaft und die Ausbeutung des Proletariats zu sichern.

Wenn Althusser jedoch entwickelt, was er die „marxistische Staatstheorie" nennt, hält er es für unabdingbar, nicht nur eine Unterscheidung zwischen Staatsgewalt und Staatsapparat zu treffen, sondern auch auf eine andere Realität hinzuweisen, die augenscheinlich auf der Seite des repressiven Staatsapparates steht, ohne daß sie mit ihm verschmilzt. Diese Realität bezeichnet er mit dem Terminus „ideologische Staatsapparate".

Während die Staatsapparate allgemein die Regierung, die Verwaltung, die Polizei, die Gerichte, die Gefängnisse usw. einschließen, also die repressiven Kräfte schlechthin darstellen und mit der Gewalt (wenn auch nicht immer mit der physischen) arbeiten, umfassen die ideologischen Staatsapparate jene Institutionen, die, anstatt mit Gewalt vorzugehen, mit der Ideologie arbeiten; aber auch ihr Zweck ist immer Repression. Es handelt sich, so erklärt Althusser, um Institutionen, die, im Unterschied zu den Staatsapparaten, der privaten Sphäre angehören: die Kirche, die Schule, die Familie, das politische System, die Gewerkschaften, das Informationssystem, das Bildungswesen in seinen mannigfaltigen Formen und sogar der Sport mit seinen verschiedenen Disziplinen.

Also zeigt der (repressive) Staatsapparat in seiner Arbeitsweise einen massiv „repressiven" Gehalt (einschließlich der physischen Repression) und daneben einen ideologischen Gehalt — einen rein repressiven Apparat gibt es nicht —; umgekehrt meint Althusser, dartun zu können, daß die ideologischen Staatsapparate in ihrer Arbeitsweise einen massiv ideologischen Gehalt zeigen, aber daneben auch einen repressiven Gehalt, der bestenfalls in abgeschwächter, versteckter oder symbolischer Form auftritt. Es handelt sich, wie man sieht, für Althusser um eine Vielfalt von Institutionen, die als Instrumente der Repression mit der Ideologie arbeiten, aber in allen diesen Institutionen kreist eine einheitliche Arbeitsweise, und diese ist die ideologische Einheit der herrschenden Klasse, d.h. die „herrschende Ideologie", der alle diese Institutionen trotz ihrer Unterschiedlichkeit als Instrumente dienen. Wenn wir in Betracht ziehen, so führt Althusser aus, daß prinzipiell die herrschende Klasse die Staatsgewalt innehat (in einfacher Form oder im Bündnis mit Klassen oder Klassenfraktionen) und daher über den (repressiven) Staatsapparat verfügt, dann werden wir zugeben müssen, daß dieselbe herrschende Klasse in den ideologischen Staatsapparaten tätig ist, und zwar in dem Maße, in dem sie schließlich durch ihre selbsteigenen Widersprüche die herrschende Ideologie ist, die in den ideologischen Staatsapparaten verwirklicht wird. Man müßte sich an dieser Stelle freilich sogleich fragen: welche Widersprüche? Und worin äußern sie sich, wenn die Ideologie der herrschenden Klasse den gesamten Bereich der sogenannten ideologischen Staatsapparate ausmacht? Aber fahren wir besser fort, uns die Althussersche Theorie gegenwärtig zu machen, denn teilweise antwortet sie selbst auf diese Fragen.

Die ideologischen Staatsapparate, fügt Althusser hinzu, können nicht nur der „Träger", sondern auch der „Ort" des Klassenkampfes und oft auch der Formen des erbittertsten Klassenkampfes sein. Die herrschende Klasse (oder das Klassenbündnis) gibt aber nicht ohne weiteres in den ideologischen Staatsapparaten und im repressiven Staatsapparat den Ton an, nicht nur, weil alte, vormals herrschende Klassen ihre Machtpositionen lange aufrechterhalten können, sondern auch, weil die ausgebeuteten Klassen bei ihrem Widerstand häufig dadurch Vorteile gewinnen, daß sie diese Widersprüche für sich ausschlachten oder daß sie in bereits errichtete Gefechtspositionen eintreten.

Kommen also innerhalb der ideologischen Staatsapparate die Positionen der ausgebeuteten Klassen zur Geltung, wenn diese Klassen darin „Gefechtspositionen" erringen und die immanenten „Widersprüche" auffinden, verschärfen und ausnutzen? Althusser räumt das offenbar ein. Wenn dem aber so ist, dann herrscht die Ideologie der herrschenden Klasse nicht mehr unangefochten, und genauso wenig tut es die herrschende Klasse selbst durch die Ideologie, wenn — was Althusser ausdrücklich feststellt — Konfrontationen und geradezu Ideologie-Konflikte (der herrschenden und der beherrschten Klasse) möglich sind. Wenn nun Schule, Familie, Bildung, Informationswesen etc. der „Ort" des Klassenkampfes (und also des Kampfes der Ideologien) sind, wie Althusser zu behaupten scheint, dann sind sie offensichtlich keine ideologischen Staatsapparate, in denen sich die herrschende Klasse organisiert und formiert; kurzum, entweder sind sie der „Ort", oder sie sind das „Mittel"; die eine Annahme schließt die andere aus! Aber gehen wir Althussers Gedankengang ruhig weiter nach!

Nachdem unser Autor also erklärt hat, daß die Staatsapparate und die ideologischen Staatsapparate die „Reproduktion der Produktionsverhältnisse" zum Ziel haben, die im bürgerlichen kapitalistischen Staat Verhältnisse der Ausbeutung sind, behauptet er, daß durch die herrschende Ideologie die (wenn auch mitunter schrille) Harmonie zwischen dem repressiven Staatsapparat und den ideologischen Staatsapparaten und außerdem zwischen den verschiedenen ideologischen Staatsapparaten gewährleistet wird. Zu diesem Zweck übernimmt in den verschiedenen geschichtlichen Epochen jeweils ein bestimmter Apparat eine determinierende und beherrschende Rolle: im Feudalzeitalter hatte die Kirche diese Rolle inne, wobei sie nicht nur religiöse Funktionen ausübte, sondern auch die Schule und einen guten Teil der Information und der Bildung in der Hand hatte. Nach der französischen Revolution verlor die Kirche diese führende Rolle, und die neue herrschende Klasse, das Bürgertum, hat diese im Rahmen des demokratisch-parlamentarischen Staates dem ideologischen Schul-Apparat übertragen. Althusser kann selbst nicht umhin, diese These als sehr gewagt zu bezeichnen: der ideologische Staatsapparat, dem in den reifen kapitalistischen Systemen die dominierende Rolle verliehen wird, ist die Schule. Der politische Ideologieapparat steht nach Althusser nur im Vorhof der bürgerlichen Macht, der schulische Apparat dagegen steht im Mittelpunkt, und der ersetzt die Kirche durch das neue Bündnis von Schule und Familie. Dieser Apparat zielt darauf ab, die Produktionsverhältnisse, d.h. die Verhältnisse der kapitalistischen Ausbeutung, zu reproduzieren. Der schulische Apparat arbeitet dabei so lautlos und arglistig, daß keines Menschen Ohr auch nur einen Ton dieser „Musik" vernimmt.

Die Schule, so stellt Althusser eindringlich dar, erfaßt die Kinder aller Gesellschaftsschichten von der Vorschule an, und von der Vorschule an hämmert sie ihnen mit neuen und alten Methoden über Jahre hinweg — Jahre, in denen das Kind am verwundbarsten ist, gleichwohl aber zwischen den Apparat Staat-Familie und den Apparat Schule eingezwängt wird — ein in die herrschende Ideologie eingekleidetes *Savoir-faire* ein (die Sprache, das Rechnen, die Erdkunde, die Naturwissenschaften, die Literatur), oder sie indoktriniert sie mit der herrschenden Ideologie in ihrem Reinzustand (Moral, Bürgerkunde, Philosophie). In der Klassengesellschaft, die bürgerlich, kapitalistisch, wenn auch demokratisch und parlamentarisch ist, ist die Schule beauftragt, je nach ihrem erreichten Bildungsgrad Arbeiter und Bauern, untere und mittlere Beamte, höhere Beamte, Kapitalisten, Politiker, Militärs und „Berufsideologen" als die Agenten der Ausbeutung und der Repression heranzubilden. Und jede dieser Cliquen ist mit ihrer besonderen Ideologie ausgestattet, d.h. mit einem Wertesystem, das die Rolle des „Ausgebeuteten" und des „Ausbeuters" zu spielen lehrt. Es sind Werte, mit denen man auch in der Familie, durch Bücher und im Film bekannt wird, die man sich aber in der Schule dank des täglichen und stündlichen obligatorischen Zuhörenmüssens in massiver, ausgedehnter und nachhaltiger Weise aneignet. Daraus zieht Althusser sogleich die Schlußfolgerung, daß mit dem durch das Massensystem der Ideologie der herrschenden Klasse eingetrichterte *Savoir-faire* zum großen Teil auch die Produktionsverhältnisse des kapitalistischen Gesellschaftssystems reproduziert werden, d.h. die Beziehungen von Ausgebeuteten zu Ausbeutern und von Ausbeutern zu Ausgebeuteten, weshalb die Überzeugung (die nach Althusser ideologisch ist), daß die Schule ein neutraler und von Ideologie freier Bereich sei, ein wesentliches Element der herrschenden bürgerlichen Ideologie selbst darstellt, dessen Wirkungen so versteckt und verhüllt werden.

Das ist in wenigen Strichen die „gewagte" These Althussers, von der er selbst fürchtet, daß sie sich ins Paradoxe verkehrt. In Wahrheit ist diese These, wie wir sogleich sehen werden, selbst verschleiernd (das ist *ideologisch!*) und in höchstem Maße absurd. Aber ehe sie dazu wurde, mußte sie von dem dem Marxismus eigenen Dogmatismus verfälscht werden, von jenem orthodoxen Dogmatismus, der nicht über die deterministische und mechanistische Beziehung von Basis und Überbau hinauszugelangen weiß, obwohl doch eine Rückwirkung des Überbaus und genauso seine „relative" Autonomie von keinem Einsichtigen geleugnet werden können.

Wenn die Dinge wirklich so stünden, daß die kapitalistische Wirtschaftsstruktur alle Formen und Ausdrucksweisen unseres Denkens bedingte, könnte es dann überhaupt ein anderes Denken geben als das ideologische, dessen Verbreitungsort und -instrument die Schule wäre? Wie unter diesen Umständen ein Denken entstehen könnte, das die Ideologie denunziert und entlarvt, wäre ein Rätsel! Und es ist in der Tat ein Rätsel, da in diesem dogmatischen Gedankengebäude kein Raum vorhanden ist für ein kritisches dialektisches Denken, das sich vom dogmatischen undialektischen Denken, wie es sich in der Ideologie ausdrückt, unterscheidet, wenn einmal Ideologie und Philosophie restlos ineinsgesetzt worden sind und die Philosophie als die Ideologie *par excellence* angesehen wird.

In der Tat hängt die Möglichkeit des Marxisten, „außerhalb der Ideologie" zu stehen und sie so zu denunzieren und zu entlarven, von der wirklichen Unabhängigkeit des Denkens einerseits und andererseits vom Bestehen einer politischen Ordnung ab, die die „Dialektik" der Ideologien gestattet und damit ihre Konfrontation und Überprüfung, einer politischen Ordnung also, in der die Spielregeln der Freiheit Gültigkeit haben, was, genau gesagt, die „demokratische" Ordnung ist. Und tatsächlich geht ja in der demokratischen Gesellschaftsordnung die Gleichheit der Rechte der Staatsbürger in die Gleichheit der Macht der Gruppen und Klassen über, gewinnt so überhaupt Gestalt und wird so zum wirklichen Garanten für die freie Ausübung des kritischen Denkens und damit des Vermögens, die Klassenideologie zu entlarven, wo immer sie sich einnistet und wie weit sie auch um sich greift.

Die These Althussers ist also mystifizierend und verschleiernd, denn er verzeichnet die reale Situation der demokratischen Gesellschaft, in der verschiedene Ideologien existieren, einschließlich der marxistischen, die sich idealiter in einem „dialektischen Spiel" begegnen und realiter im „politischen Wettstreit,, aufeinanderstoßen. Und außerdem ist seine These, wie schon gesagt, absurd, denn indem sie aus der Schule das Hauptinstrument der Ideologie macht, impliziert sie folgerichtig die Beseitigung der Schule, um die Ideologie beseitigen zu können, und sie muß schließlich die Aufhebung der Schule und eine Entschulung der Gesellschaft fordern, von der auch Illich, Reimer und Autoren gleichen Schlags als von einer schöner Utopie geträumt haben.

Das bedeutet freilich nicht, daß Althussers These als vollkommen irrig abzulehnen wäre, denn der französische Philosoph ist dort im Recht, wo er sich auf eine Schule bezieht, die von einer ideologischen Pädagogik geprägt wird, wie wir deren einige oben kennengelernt haben. Aber es handelt sich dann stets um eine Schule, die in einem bestimmten historisch-gesellschaftlichen Umfeld steht; eine Schule, in der die Regel der Freiheit schweigt und in ihrer ganzen furchtbaren Härte die der Autorität regiert, und demzufolge gründet die Mystifizierung Althussers auch in der abstrakten Verallgemeinerung und in mangelndem historischem Unterscheidungsvermögen, das — wie wir wissen — jedem dogmatischen und reduktionistischen Denken eigen ist. Eine solche Schule, d.h. eine Schule, die zum Instrument der herrschenden Ideologie und der mit ihr verbundenen Macht geworden ist, hämmert gewiß, wie Althusser sagt, die Formen des *Savoir-faire* ein und prägt die Geister zu gelehrigen Vollstreckern des herrschenden Willens; aber — so muß gefragt werden — handelt es sich dabei denn überhaupt um eine Schule im authentischen Sinne des Wortes, oder hat er bloß eine Karikatur der Schule oder ein Institut vor Augen, das zwar der äußeren Form nach wie eine Schule aussieht (weil es wie eine solche organisiert ist), aber dem inneren Wesen nach keine Schule ist, weil es ihre Ziele nicht verwirklicht und ihre Werte nicht in die Tat umsetzt?

Die Schule, so hat man gesagt, ist eine Institution, durch die die Menschheit danach strebt, ihre in der Geschichte verwirklichten Werte zu tradieren und anzuhäufen. Welche Werte sind nun aber inniger mit dem menschlichen Wesen verknüpft als die der Intelligenz und der Freiheit, jene Prärogative also, dank derer sich der Mensch vom Tier unterscheidet und über es hinausragt? Über die Intelligenz als Wert, in dem sich die menschliche Natur realisiert, hat

Raffaele Laporta (geb. 1916) in bestechender Weise in seinem Buch „La difficile scommessa"[11] geschrieben, wobei er in der freien Ausübung der Intelligenz die Quelle jener Flexibilität, Erfindungsgabe und Originalität sieht, die es dem Menschen gestattet, sich von den Ideologien frei zu machen, welche es auch immer sein mögen. „Das Problem der menschlichen Intelligenz", so meint Laporta, „liegt darin, die Instrumentalität des Menschen und jeden Versuch seiner Instrumentalisierung auszuschließen; der Eingriff, den man zu diesem Zweck vornehmen muß, erfordert vor allem die Fähigkeit, alle bisher mißlungenen Verfahren zu verwerfen: vor allem jede Ideologie und jede vermeintlich endgültige Wahrheit, mag sie nun behaupten, den Menschen in einer überkommenen Ordnung und in der Tradition zu retten, oder ihn durch eine Revolution erlösen wollen".

Für Laporta ist die Möglichkeit eines solchen Gebrauchs der Intelligenz (zur Zertrümmerung verstiegener Ideologien und erstarrter Heilslehren) von der Entwicklung der Wissenschaften vom Menschen abhängig, Wissenschaften, die auf die Prozesse der Überprüfung, der Kontrolle, der Korrektur gegründet sind und die die Intelligenz in die Steigerung der Fähigkeit zur Selbststeuerung, Selbstkontrolle und Selbstkorrektur hineinbeziehen. Daraus geht klar hervor, daß wir eine solche Methodologie, die Laporta von den Humanwissenschaften her gewinnen will, eng mit der kritischen und antidogmatischen Philosophie zu verbinden haben, einer Philosophie, die mit Hypothesen arbeitet, die der Weiterentwicklung und dem Weiterdenken grundsätzlich offen sind.

Aber der Gebrauch der Intelligenz in Form von Kontrolle, Überprüfung und Kritik setzt die Freiheit voraus und impliziert sie zugleich, denn das kritische Denken ist nichts anderes als das Denken, das unter dem Signum der Freiheit Gestalt gewinnt. Also ist eine authentische Schule jene, die die menschliche Intelligenz sorgsam pflegt und der Freiheit Nahrung gibt, dem Dogmatismus entschieden entgegentritt und der Ideologie den Weg versperrt, indem sie eben die Ideologien und die praktischen Interessen, aus denen diese hervorgehen, einer schonungslosen Kritik unterwirft. Es ergibt sich daraus, daß die Schule umso mehr Schule ist, je mehr sie befreiend wirkt, und umso weniger Schule, je stärker sie der Macht, der Ideologie, den Klassen-, Kasten- und Gruppeninteressen gegenüber hörig bleibt.

Wenn nun das Signum der wahren Schule, d.h. der Schule des Menschen, sofern er Mensch ist, das kritische Denken als freies Denken ist, welche Hal-

---

11. Raffaele Laporta: *La difficile scommessa*, Firenze 1971. Vgl. vom gleichen Verfasser: *Meine Pädagogik*, in: „Rassegna di Pedagogia/Pädagogische Umschau", 36 (1978), S. 5-29.

tung hat dann die Schule selbst der Ideologie gegenüber einzunehmen, die ja unausbleiblich und ständig in ihr zirkuliert? Und welche Rolle hat die Erziehungsphilosophie in einer Schule zu spielen, die es unternimmt, die Ideologien zu zertrümmern und sie einer kritischen Überprüfung zu unterziehen? Welches Schicksal wird schließlich die Ideologie erleiden, die sich anmaßt, die Schule als ihr Werkzeug zu gebrauchen? Laporta behauptet, daß die Pädagogik ihre enge Beziehung zu den Ideologien nicht abbrechen kann. Ihre Ideale, ihre Wahrheiten, ihr ganzer ideologischer Kosmos stellen im Hinblick auf die pädagogische Wissenschaft ein unentbehrliches Gefüge von Hypothesen dar, die dazu dienen, den Menschen zu neuen Nachforschungen und zu neuem Nachdenken über sich selbst anzuregen, wenn sie auch nicht fähig sind, endgültige Mittel dazu zu liefern, und wenn sie auch erst recht nicht geeignet sind, objektiv gültige Prägeeinwirkungen auf den Menschen zu rechtfertigen. Gerade diese ihre Unfähigkeit zur Objektivierung ist die Wurzel der ideologischen Unnachgiebigkeit und Hartnäckigkeit, die an die Stelle überprüfter oder überprüfbarer Aussagen treten; gerade ihre Reduzierung auf bloße Hypothesen durchbricht den Zirkel ihrer Gewalt, zeigt sie uns ohne Schleier und Maske und macht uns letztlich immun gegen ihren verführerischen Glanz.

In die Schule treten also die Ideologien als bloße Hypothesen ein, die das kritische Denken der dialektischen Konfrontation und der Überprüfung unterzieht.

Die Schule gestaltet sich infolgedessen als Ort und Mittel der kritischen Überprüfung des ideologischen Denkens und umgekehrt als Ort und Instrument für den Ausbau des offenen, flexiblen und schöpferischen kritischen Denkens: eines dem Zukünftigen als einer Zukunft der Befreiung des Menschen und einer höheren und reicheren Humanität zugewendeten Denkens. Daraus ergibt sich, daß die kritische Philosophie der Erziehung in dem Maße, in dem sie die kritische Methode in der Schule bestärkt, die Aufgabe übernimmt, das entfremdete (ideologische) Denken ausfindig zu machen und zu denunzieren, wo und wie es sich auch immer vermummt und verkleidet. Eine solche Denunzierung kann sich jedoch nicht auf das begrenzen, was an der Ideologie beobachtbar und sichtbar ist: Sie muß bis zu den Wurzeln der Ideologie selbst vordringen, d.h. den praktischen Unterboden ans Licht kehren, von dem diese ihren Ausgang nimmt. Auf diese Weise verbindet sich die Schule mit den Kräften, die den Fortschritt der Menschheit vorantreiben, und wird auf konkrete Weise zum Mittel einer wirklichen menschlichen Emanzipation.

Anhang

Der historische Personalismus und seine Pädagogik*

Ich will hier vom *Personalismus* sprechen, oder — besser gesagt — von „meinem" Personalismus. Das ist eine in Deutschland nicht sehr verbreitete Philosophie, wenn sie auch ein Äquivalent in gewissen vom Historismus herkommenden philosophischen Positionen geisteswissenschaftlicher Art hat, wie zum Beispiel in der Philosophie Eduard Sprangers.

Wenn wir vom Personalismus sprechen, gehen unsere Gedanken zu einem sicherlich zu früh verstorbenen französischen Philosophen zurück: Emmanuel Mounier, dessen Todestag sich 1980 zum dreißigsten Male jährte, und der im Lande jenseits des Rheines als der Begründer dieser philosophischen Richtung gilt. Luigi Stefanini ist dagegen der Begründer des italienischen Personalismus. Dieser versteht darunter „jede Philosophie, die die ontologische, gnoseologische, moralische und soziale Würde der Person gegen die immanentistischen und materialistischen Negierungen vertritt". Und er fügt hinzu, daß die personalistische Anschauungsweise in ihrem integralen Ausdruck sich in folgende Formel kleidet: „Das Sein ist seinem Prinzip nach personal, und alles, was am Sein nicht personal ist, ist von der Peson hergeleitet als Ausdruck der Person und der Verbindung zwischen den Personen". Und er fügt weiter hinzu: „Der Personalismus ist mit keiner Art von idealistischem Monismus, von immanentistischem Transzendentalismus oder Solipsismus zu verwechseln: die Grundlagen des Personalismus sind pluralistisch und transzendentalistisch, da die Person gebunden ist an die wesentlichen Bestimmungen des „Insichseins", der Einmaligkeit, der Identität, die allesamt unverändert bleiben, in welche Beziehungen die Person auch mit dem sie umgebenden Anderen treten mag".

Wie man sieht, artikuliert sich der Personalismus als logisches Ergebnis des Spiritualismus in der Formulierung Stefaninis, die sich, von ihm ausgehend, in der Philosphie und in der Pädagogik in Italien ausgebreitet hat. Nicht zufällig

---

* Vortrag, gehalten am 29.5.1980 auf Einladung der Philosophischen Fakultät und des Instituts für Pädagogik I der Universität Würzburg. Erstmals erschienen in: „Rassegna di Pedagogia/Pädagogische Umschau", 39 (1981), S. 3-16.

steht in Italien an seinen Anfängen die Philosophie von Antonio Rosmini, auf den sich Stefanini ausdrücklich beruft, wenn auch auf den italienischen Personalismus die Gedanken Mouniers und die der ganzen französischen Richtung eingewirkt haben, die, der auf Main de Biran zurückgehenden Tradition der Innerlichkeit folgend, zur Gründung der Zeitschrift *Esprit* geführt hatten.

So definiert und konzipiert, setzt der Personalismus nicht nur notwendigerweise die Metaphysik voraus, sondern er ist *Metaphysik*: der Begriff der Person nimmt in der Tat als wesentlich metaphysischer Begriff Gestalt an. Aber welche Gewähr für Gewißheit hat die Metaphysik? Welchen Wahrheitswert haben ihre Aussagen? Und folglich: welche theoretische Legitimation hat der metaphysische Gebrauch des Begriffs *Person*?

Kant schloß bekanntlich sein monumentales kritisches Werk über die Vernunft damit, daß die Metaphysik als Wissenschaft unmöglich sei. Seitdem hat die Metaphysik viele Widerstände erfahren, und sie ist von allen Seiten angegriffen worden, da es klar erschien, daß immer Elemente aus Religion und Glauben oder aus der Weisheitstradition geschöpfte Erkenntnisse in sie hineinfließen. Der streng in der Metaphysik verankerte Begriff der Person hat aufgehört, ein dogmatischer Begriff zu sein, und die Person ist Gefahr gelaufen, dem kritischen Denken gegenüber ihre Glaubwürdigkeit zu verlieren oder — besser gesagt — dem Denken gegenüber, das die dogmatischen Vorwegnahmen, die nicht überprüfbaren Voraussetzungen, die vom Glauben gestützten Behauptungen ablehnt. Hieraus ergibt sich das Erfordernis, zu einem Person-Begriff zu gelangen, indem man im Sinne Husserls eine *phänomenologische Reduktion* der metaphysischen Voraussetzungen der Person vornimmt und jedwede Sinngebung der Person metaphysischer Natur zurückweist und diese durch eine kritische Untersuchung zu bestimmen sucht, die sich auf die Erfahrung stützt, und zwar ohne den Anspruch, die Erfahrung selbst überschreiten zu wollen.

Wer Person sagt, sagt zugleich Mensch, „der Wert ist", und meint daher den Menschen als jenes natürliche Wesen unter den Geschöpfen, die die Natur bevölkern, der seine eigene „Würde" hat, die ihn über die Tier-Welt erhebt, zu der er jedoch immer gehört. Aber diese Würde, dieser Wert wäre nicht im Menschen, wenn es nicht die Selbsthervorbringung und den Selbstaufbau des Menschen gäbe. Hier liegt der wesentliche Unterschied zwischen dem metaphysischen, theologischen Personalismus und meinem Personalismus, den ich *historisch* nennen will. Für den metapyhsischen und theologischen Personalismus ist die „Qualität" der Person eine „Gabe"; der Mensch ist Person, weil er in einer Weise, die die spiritualistischen Philosophen verschieden auffassen, *in Beziehung zu Gott* steht, mit ihm eine ursprüngliche, in seinem Gewissen gegebene Bindung hat; für den historischen Personalismus ist der Mensch Person, weil er seinen Wert *in der Geschichte* errungen und aufgebaut hat: der Mensch *macht sich zur Person*, und dieser Vorgang des Sich-zur-Person-Machens ist unendlich und unbeendbar. Also ist der Mensch, indem er die Möglichkeit ist, sich als Person zu bestätigen, auch die Möglichkeit, sich bis zur Stufe der „tierischen" Natur herabzuwürdigen und seinen durch die Geschichte hindurch mühsam errungenen Wert zu verlieren. Wir sollen deshalb die Person nicht nur aufbauen und fördern, sondern auch erhalten, bewahren und schützen. Vor wem sollen wir sie schützen? Vor dem Menschen selbst, der nie aufhört, *animalisch* zu sein, wenn er auch zugleich die Möglichkeit hat, sich als Person *aufzubauen* (und zu *zerstören*).

Aber wie hat sich der Mensch „zur Person gemacht"? Mit welchen Mitteln? Kraft welcher Tätigkeit und dank welcher Fähigkeiten? Um diese Frage zu beantworten, befragt der historische Personalismus die *Erfahrung*, welche die Tätigkeit ist, in der und mit der sich der Mensch mit der Welt mißt. So ist es die Erfahrung, ist es die Kontaktnahme des Menschen mit der Welt, die Husserl in eindrucksvoller Weise mit dem Ausdruck *Erlebnis* bezeichnet hat. Die Erfahrung ist das „Sich-Geben" der Natur und das „Sich-Machen" der Geschichte: der Natur, der der Mensch unterstellt ist, und der Geschichte, die der Mensch gestaltet.

In der Erfahrung wirkt der Mensch als Verstand und Wille auf die Natur und modifiziert sie, indem er sie für seine Zwecke nutzbar macht. Darauf folgt, daß der Mensch als körperliches, natürliches, in der Natur geschaffenes und in die Natur einbezogenes Wesen als Objekt unter Objekten gegeben ist; aber als denkendes und wollendes Wesen ist er auch als Subjekt gegeben, dergestalt, daß er als Objekt von der Natur abhängt, und als Subjekt ist es wiederum die Natur, die ihm unterstellt ist.

Als Subjekt hat der Mensch die Fähigkeit zur Initiative und zum Beginnen.

Aber wie äußert sich und wie realisiert sich diese Fähigkeit; wie gebrauchen wir sie? Wie ist sie motiviert? Unser denkendes und wollendes, in der Erfahrung wieder zum Bewußtsein kommendes Sein ist das Ergebnis verschiedener Funktionen und Tätigkeiten: Verstand, Gedächtnis, Vorstellung, Phantasie, Bedürfnisse, Neigungen, Triebe, Emotionen und Gefühle. Es sind dies die Dimensionen unseres Seins, und die Person ist ihre Synthese. Und sie sind in einer Weise zusammengefügt, die jeder einzelnen Person eigen ist, und zwar so, daß die Person sich als ein *ursprüngliches, unwiederholbares, einmaliges* Sein individuiert. Die Person nimmt daher in ihrer Existenz eine ihr eigentümliche Rolle ein: sie gehört der Natur an und ist an sie gekettet, aber sie geht über die Natur hinaus, sie transzendiert sie. Als Objekt ist sie in ein System von Ursachen bezogen, als Subjekt projiziert sie sich in eine Welt der Zwecke. Unter dem ersten Gesichtspunkt ist sie der Natur untergeordnet, unter dem zweiten beugt sie die Natur ihren Zwecken.

Nun geschieht die „Transzendierung" der Person über die Erfahrung durch den *Entwurf* einer möglichen und weitergehenden Erfahrung. Die Entwürfe der Person, die sich auf all das beziehen, was die Möglichkeit hat, sich in der Erfahrung zu erfüllen, betreffen die *Zukunft* der Person selbst, wenn wir unter Zukunft alles das zusammenfassen, was sich geschichtlich ereignen kann und als solches einer möglichen Erfahrung inhärent ist. Es handelt sich um Entwürfe, die entstehen, um Probleme zu lösen, deren Daten, als Daten der Erfahrung, alle der Person vorliegen, so daß die als Hypothese aufgestellten Lösungen eine Bestätigung und eine Überprüfung finden können in eben der möglichen Erfahrung, die in der Geschichte sich ereignet.

Es ist nun dem Menschen als Person eigen, daß seine Entwürfe auch den Horizont der Überprüfbarkeit überschreiten, indem sie über die mögliche Erfahrung hinausdrängen. Ein solches *dem Menschen eigenes* Verhalten verkörpert und verwirklicht das, was wir eine „Spannung zum Transzendenten" nennen, wofür wir auch *Transzendentalität* sagen könnten, falls dieser Terminus einen Sinn hat, der sich von dem, den er in der Geschichte erhalten hat (wie etwa in der Scholastik oder bei Kant und im Idealismus), deutlich unterscheidet.

Die Spannung zum Transzendenten, die das menschliche Sein belebt, ist eine weitere Bestimmung der *Eigentümlichkeit* der Person. Mittels dieser Spannung dringt der Entwurf der Person ins Mysterium ein. Sein Gegenstand ist dann nicht die Zukunft, sondern das *Schicksal*. Der Entwurf greift so ins *Unüberprüfbare* hinaus, und er tut das mittels von Hypothesen, die, zum Unterschied von denen, die die Zukunft betreffen und in einer möglichen Erfahrung überprüfbar, der Person zugänglich und möglich sind, Hypothesen bleiben, da sie in einer *möglichen* Erfahrung nicht überprüfbar sind; Hypothesen, die also nicht entstehen, um ein bestimmtes Problem zu lösen, sondern um ein *Mysterium zu entziffern*. Aber was ist das Mysterium? Gabriel Marcel hat deutlich erklärt, daß das Mysterium eine Realität ist, deren Wurzeln jenseits des eigentlich Problemhaften in die Tiefe reichen. Das ist eine von verschiedenen Gesichtspunkten her annehmbare Definition, aber nicht im von Marcel gewünschten Sinne, der das Mysterium bekanntlich auf eine Präsenz Gottes in uns zurückführt und sie als einen „gewissen Einfluß" rechtfertigt und darstellt, der in einer Beziehung gegeben ist, die das „Bewußtsein übersteigt". Damit richtet er — *mutatis mutandis* — die Annahmen des theologischen Personalismus wieder auf, wobei das Mysterium etwas das Problemhafte Transzendierende ist, weil es in der realen und möglichen Erfahrung keine Gelegenheit zur Überprüfung findet.

Die Realität des Mysteriums wirkt so, daß die Person sich ein „Enigma" und eine Doppeldeutigkeit zuerkennt, wie N. Berdiajew es ausgedrückt hat.

Aus der Kenntnis dieses Doppelsinns, aus dem Bewußtsein des eigenen enigmatischen Wesens erwächst und nimmt jener dem persönlichen Sein, dem Menschen also und nur dem Menschen, ganz eigene Entwurf seinen Anfang: der Entwurf des Schicksals. Dieser Entwurf ist zugleich ein Entwurf der *„Sicherung" des Seins* (das Sein vor der Zukunft sichern) und der *Sicherung von Sein* (das Sein in der Zukunft sichern) und der *Sicherung im Sein* (das eigene Sein vor dem Nicht-Sein sichern). Es handelt sich im einen Falle um den „theologischen Entwurf" und im anderen um den „eschatologischen Entwurf". Aber da es Entwürfe sind, geht es immer um Hypothesen: um in keiner realen oder möglichen Erfahrung überprüfbare und dennoch notwendige Hypothesen, die die Person (der Mensch qua Person) gar nicht umhin kann zu formulieren.

Die „Spannung zum Transzendenten" des persönlichen Seins führt also zum theologischen und eschatologischen Entwurf: die Bestätigung Gottes und die Bestätigung des Fortlebens über den Tod hinaus. Es handelt sich, wie man sieht, um traditionelle Themen der Metaphysik und der Religion, die das menschliche Denken zum Problem erhebt, um sich einen „zureichenden Grund" seiner selbst und der bestehenden Realität zu geben. Und dennoch können wir von diesem zureichenden Grund keine Darstellung erlangen, denn nichts können wir uns darstellen, was nicht innerhalb der Erfahrung liegt. Es bleibt deshalb ein Mysterium oder, wie Kant sagt, ein „Ideal der Vernunft". Was das Mysterium angeht, so bleiben immer Hypothesen offen, von denen keine beweisbar ist: der zureichende Grund bleibt daher eine *nicht zu beweisende* Realität, von der es zwar mögliche hypothetische Darstellungen gibt, mehr aber nicht. Unter diesen Hypothesen mag sicherlich am meisten befriedigen jene von Gott als denkender und wollender Person, transzendent und vorsehend, die alle Vollkommenheiten in sich trägt und vereinigt. Es ist das eine Hypothese, die, wie Kant mit Nachdruck feststellt, nicht als „absolut unmöglich" erklärt werden kann.

Daß Gott existiert und daß sich in ihm der zureichende Grund alles dessen findet, was uns in der Erfahrung und in der Person des Menschen selbst gegeben ist, ist also *möglich*, und wenn das möglich ist, muß es auch Gegenstand einer *Wahl zwischen Möglichkeiten* sein, wenn jedenfalls die Behauptung, daß der Grund des Seienden Gott ist, *ohne Widerspruch* möglich ist. Es gibt also eine „Gewähr" dafür, daß man Gott wählt, aber eine solche „Gewähr" kann sich weder in den Rang einer logischen Notwendigkeit erheben, noch kann sie einer strengen empirischen Prüfung unterworfen werden. Sie gründet sich auf die Bestätigung durch einen *Akt der Freiheit* oder auch eine persönliche Wahl, die eine grundsätzlich freie Wahl ist. Es geht um eine Wahl des Willens, des Gefühls, eine geistige Entscheidung, die, wie uns Pascal einschärft, zum „esprit de finesse", nicht zum „esprit de géométrie" gehört.

Die Erkenntnis Gottes weist für den historischen Personalismus den Weg zu einer freien Wahl, die eine „befreiende Wahl" sein kann, indem sie von der Angst des Mysteriums frei macht und im Herzen des Menschen eine große Hoffnung entzündet, welche das Dunkel des Schicksals zu erhellen vermag. An der Grenze des Mysteriums und des Unüberprüfbaren kündigt sich so der Anruf des *Glaubens* an, das Versprechen auf *Hoffnung*, der Appell zur Nächsten*liebe*, wie sie vom Christentum verkündet worden ist. Und dennoch schlagen sie einen Weg vor, der nicht mit Gewißheit bestätigt, sondern nur einfach vorgeschlagen werden kann. Dieser Vorschlag kommt uns geschichtlich durch die Propheten oder durch die Mystiker zu, die sich als Zeugen einer Erfahrung bekennen, die nicht *mitge„teilt"*, *sondern einfach „berichtet" wird und als solche nur geglaubt* werden kann. Sie stellt für die Christen die Aufforderung, die Verheißung und das Zeugnis Christi dar.

In all dem nimmt man eine weitere Eigentümlichkeit des persönlichen Seins wahr, die den Abstand zur Tierwelt noch größer macht: die Person ist das Sein, das sich die Frage nach der eigenen Existenz stellt; nur der Mensch stellt die Erfahrung in Frage; nur der Mensch sucht einen Grund seiner selbst und der Welt; nur der Mensch treibt Metaphysik, und nur er hat Religion; und das sind weitere *Attribute* des persönlichen Seins, Zeichen und Symbole der Würde des Menschen.

Die Person, so hat man gesagt, wirkt in der Erfahrung: sie kontrolliert sie; sie leitet sie; sie macht sie ihren Zwecken dienstbar. Damit legt sie in die Erfahrung ein *Sein-Sollen* im Gegensatz zum *Sein*. Das Sein der Erfahrung in der Vielfalt und Verschiedenartigkeit seiner Gestalten und seiner Inhalte nennen wir „Determination", das Sein-Sollen der Erfahrung, die von einem System von normativen und begründeten Ideen vertreten wird, nennen wir „Werte". Es handelt sich um vom Menschen als Person gedachte und gewollte Ideen, um die konstituierte Erfahrung zu überschreiten und zu leiten, um eine reichere, lohnendere, allgemein bedeutendere Erfahrung zu konstruieren. Die Veranlagung und Fähigkeit des Menschen als Person, diese Ideen auszuarbeiten, nennen wir *axiologische Intentionalität*.

Der historische Personalismus erarbeitet eine Morphologie der Werte, aber wir können hier jetzt nicht in diese Problematik eindringen. Es muß genügen, darauf hinzuweisen, daß die Werte historischen Charakter haben und sich in der Geschichte als Hervorbringungen manifestieren, die — wie Max Scheler sagt — die „Kulturgüter" oder, einfacher ausgedrückt, die „Kultur" darstellen.

Wir können damit eine neue Qualität der Person einführen und sie als *Schöpferin* von Kultur und *Trägerin* von Kulturgütern ansehen.

Außer einer Morphologie im allgemeinen arbeitet der historische Personalismus auch eine Phänomenologie der Werte aus. Wie sind sie beschaffen? Wie wirken sie sich in der Erfahrung aus? Wie gestaltet sich die Kultur? Wir können uns in diesen Bereich hier ebenfalls nicht vertiefen, denn es ist an der Zeit zu erläutern, in welcher Weise der historische Personalismus die Erziehung auffaßt und wie er die Pädagogik fundiert.

Die erste pädagogische Aufgabe ist die der „Ziele" der Erziehung, d.h. das Problem der erzieherischen „Motivierung", ein Problem, das in die Fragen gekleidet wird: „Warum erziehen wir?", „im Hinblick worauf und wozu?" Wenn man Erziehung als Vermittlung und als *Förderung* versteht, folgt daraus, daß nur das, was die Person betrifft, was ihrem Wert inhärent ist, was die Person kennzeichnet, es verdient, vermittelt und gefördert zu werden.

Die Förderung und die Vermittlung im Erziehungsprozeß überschneiden sich und beeinflussen einander wechselseitig, und es stellt sich das bekannte Problem der untrennbaren *Einheit von formaler Erziehung* und *materialer Erziehung* ein. Es handelt sich also darum, zu präzisieren, welche *Formen* und welche *Inhalte* sich konkret zu einem wechselseitigen Zusammenwirken eignen. Oft genug kommt es in der Erziehung vor, daß eine bestimmte Form nicht ihren entsprechenden Inhalt findet und daß ein bestimmter Inhalt nicht mit seiner richtigen Form verbunden ist. In einem solchen Fall wird die Erziehung *dispersiv*, und der Erziehungsprozeß leidet an Zusammenhanglosigkeit und Diskontinuität. Was soll man also ungeteilt fördern und vermitteln, damit wirklich Erziehung erreicht wird?

Das, was vermittelt werden kann, muß notwendig eine objektive Struktur besitzen; vermitteln kann man, was an sich definiert und objektiviert ist; was aber definiert und objektiviert ist, ist unseres Wissens *Determination*. Gewiß trägt nicht jede Determination dazu bei, die Entwicklung der Persönlichkeit in dem Sinne zu fördern, als die Determinationen die Fähigkeit haben, das Bewußtwerden der Erfahrung zu erweitern. Die Determinationen, welche diese Fähigkeit besitzen, sind jene, die wir *Wert*determinationen genannt haben, weil sie aus dem gebildet sind, was sich im Zeichen der Werte historisch „determiniert" hat, d.h. die *Kulturgüter* oder einfach die *Kultur*.

Die Kultur also fundiert die Erziehung, soweit sie Vermittlung ist, jedoch unter der Bedingung, daß diese Vermittlung immer auf *Förderung* hinausläuft. Wir erziehen, soweit wir uns zu Trägern und „Botschaftern" der Kultur machen, soweit wir von Generation zu Generation die Kultur vermitteln, die sich im Laufe der Geschichte gebildet hat. Aber da die Kultur sich historisch gebildet hat, kann sie nur in derselben Form, d.h. historisch mitgeteilt werden. Kultur vermitteln bedeutet gleichzeitig, die *Geschichte der Kultur* oder Kultur in ihrer geschichtlichen Gestaltung weitergeben. Alle Kultur also, ob religiöse, künstlerische, wissenschaftliche oder technische, wird als Geschichte vermittelt oder in der Form ihrer *geschichtlichen Entwicklung*. Aber unter welcher Bedingung erlangt die Vermittlung der Kultur eine fördernde *Spannung*? Auf Grund welcher Verbindung besitzt die stoffliche Bildung eine formgebende Kraft?

Wir wissen, daß die Person *sich selbst Problem* ist, und insofern sie Problem ihrer selbst ist, ist sie auch *Entwurf* ihrer selbst. Die fördernde Wirksamkeit der Kultur ist daher von den Problemen und Entwürfen der Person abhängig.

Die Kultur ist formgebend oder auch persönlichkeitsfördernd, insofern sie auf diese Probleme und Entwürfe antwortet, insofern sie erscheint, um die ersteren zu klären und für die letzteren Lösungen zu finden. Es geschieht dagegen oft in Schule und Unterricht, daß die Kultur keine Verbindung mit den Problemen der Person hat und nicht auftritt, um die Möglichkeiten der persönlichen Entwürfe zu fördern. Es handelt sich in solchem Fall um eine bloße Abstraktion der Kultur, die didaktisch auf eine wahllose Anhäufung von angelerntem Wissen hinausläuft: reine Vielwisserei, die das Denken behindert, ohne es irgendwie zu befruchten.

Die Erziehung als *Vermittlung* ist also von den Entwürfen der Person abhängig, jedoch in diesem Fall ist sie eng an die Förderung gebunden. Aber was entwirft die Person? Wir wissen, daß jedes Entwerfen der Person, insofern sie erscheint, um die Erfahrung in ihren Determinationen zu *transzendieren, ein ideeller Wert* ist. Und dennoch sind oder können die ideellen Werte nicht Gegenstand bloßer Vermittlung sein. Vermittelt werden kann, was objektiviert und determiniert ist; die ideellen Werte jedoch haben keine Objektivität und sind objektiv nicht lehrbar. Aber schließt diese Behauptung nicht einen äußerst armseligen Begriff der Erziehung ein, und beraubt sie ihn nicht aller objektiven Konsistenz? Wir stehen, wie man sieht, vor einer kompromittierenden Schlußfolgerung, die anscheinend die Fruchtbarkeit des Erziehungsprozesses in Frage stellen kann. Die Behauptung, daß die Werte nicht objektiv lehrbar sind, ruft, wenn nicht eigentlich Bestürzung, so doch wenigstens Ratlosigkeit hervor. Und doch ist es eine in der Geschichte immer wieder aufgestellte Behauptung. Es genügt, an Condorcet und Tolstoj zu erinnern, die die Erziehung als Vermittlung von Idealität und von Werten ablehnten und nur dem Unterricht als Vermittlung kommunikativer Mittel Berechtigung zuerkannten. Tolstoj und Condorcet sprachen jedoch den ganzen Sinn ihrer Ablehnung nicht deutlich aus. Es ging ihnen nicht darum, den Unterricht in einen Gegensatz zur Erziehung zu bringen, vielmehr darum, einen *kritischen Erziehungsbegriff* gegen einen *dogmatischen* zu stellen, indem sie als entscheidendes Kriterium die Funktion der Werte annahmen, die das darstellen, was die Erziehung in jedem ihrer Aspekte bewegt.

Die Werte als „*Idealität*" könnten Gegenstand der Vermittlung und daher des Unterrichts sein, so oft sie mit einem *bestimmten Inhalt* identifiziert würden, wenn sie also objektivierbar und objektiviert wären. Aber kein in der Geschichte determinierter und in der Erfahrung objektivierter Inhalt erschöpft den Wert, denn der Wert als solcher transzendiert die Determinationen der Geschichte und der Erfahrung. Die Forderung, den Wert mit einer seiner Determinationen zu identifizieren, würde aus dem Wert etwas „Festgewordenes" machen, an dem sich die Spannung des personalen Akts brechen würde, indem er die Determination überschreitet, die den Wert entwirft. Der in einer speziellen Determination festgewordene Wert würde, wie ein zu Ende geführter Entwurf, der nach nichts mehr verlangt, was ihn überschreitet, die Person in einen sterilen und beschämenden Konformismus führen. Was kann also im Hinblick auf die Werte durch Erziehung „*mitgeteilt*" werden? Nicht die Werte abstrakt genommen, sondern die *Disposition* zu ihrem Entwurf und zu ihrer Realisierung, das heißt die *Intentionalität den Werten gegenüber* oder die *axiologische Intentionalität*. Aber das ist nicht so sehr Gegenstand bloßer Vermittlung, sondern von *Einführung*, von *Förderung* oder, wie Sergius Hessen treffend sagt, von „*geistiger Ansteckung*". Es geht darum, in der Person, die man erzieht, das Gefühl für die Werte zu wecken und den Willen anzufachen, sie zu realisieren. Die Schule, in der Erziehung sich schlechthin abspielt, kann nicht in abstrakter Weise lehren, was das Wahre, das Gute oder das Schöne *an sich ist,* denn kein geschichtlich in der Erfahrung realisierter und nachweisbarer Inhalt verkörpert und erschöpft diese, aber sie soll die Absicht fördern, das Wahre zu suchen, das Gute zu tun oder das Schöne zu empfinden und damit eine geistige Spannung auslösen und einen persönlichen Eifer wecken: jene Spannung und jenen Eifer, den Platon mit dem Namen *Eros* bezeichnete. Und dennoch impliziert eine solche Förderung immer auch eine Vermittlung und eine Belehrung. Aber was kann tatsächlich gelehrt und vermittelt werden?

Um nicht Traum und Utopie zu sein, tritt der Wert in eine dialektische Beziehung zu den Determinationen. Er grenzt an sie an und steht mit ihnen in Wechselbeziehung. Die Förderung der Werte muß also notwendigerweise aus dem Kontext der Determinationen hervorgehen oder — besser gesagt — aus dem Verständnis jener Determinationen der Werte, die die Kultur darstellen. Um sich in den Expansions- und Schöpfungsprozeß der Kultur einzuordnen, muß man unweigerlich „Kultur haben". Die Bildung geht aus der Kultur hervor. Die Förderung der axiologischen Intentionalität setzt also die Vermittlung der Kultur voraus, aber einer für die „Ulteriorität" der Werte offenen Kultur. Es gibt in der Tat eine *geschlossene Kultur* und eine *offene Kultur*. Die eine stellt den Anspruch, endgültig und erschöpfend zu sein, tiefgehend und unübertrefflich; die andere lebt in der eigenen Unzulänglichkeit, strebt danach, über sich selbst hinauszugehen und im „Über-sich-selbst-Hinausgehen" zu wachsen.

Damit die Kultur ihre Fruchtbarkeit in Richtung auf die Werte entfalten kann, wird sie also in ihrer *problematischen Struktur*, im Hinblick auf ihre Überwindung und ihre Ausbreitung vermittelt. Sie ist deshalb der *Kritik* und der *Prüfung* ausgesetzt. Die Förderung der axiologischen Intentionalität steht infolgedessen in engem Zusammenhang mit dem Problembewußtsein und dem Kritikvermögen. Eine Schule, die Kultur vermitteln und das Schaffen von Werten fördern will, kann also nur eine *kritische* Schule sein: eine auf die Zukunft gerichtete Schule, insofern sie sich der Überwindung alles dessen zuwendet, was determiniert, endgültig und erschöpft erscheint; eine Schule, die imstande ist, die Gegenwart abzulehnen, wenn diese Gegenwart Stillstand und Starrheit bedeutet.

Eine kritische Schule ist eine antidogmatische Schule. Was ist in der Tat das Dogma, wenn nicht eine Determination, die den Anspruch erhebt, den Wert erschöpft zu haben? Was stellt es dar, wenn nicht die Annahme, daß es eine Objektivität gibt, die der Subjektivität jede weitere Möglichkeit verschließt? Tatsächlich bedroht der Dogmatismus jedwede Form und Gestalt der Erfahrung: Es gibt erkenntnismäßige, praktische und ästhetische Dogmen, wissenschaftliche, moralische, soziale und politische und bei weitem nicht nur religiöse Dogmen. Alle Dogmen werden angefochten und bekämpft. Und bekämpft sei deshalb die dogmatische Schule, welche die Schule der geschlossenen Kultur, des Konformismus und der geistigen Hörigkeit ist! Es ist genau die Schule, die der Person ihre zahlreichen Möglichkeiten verbarrikadiert.

Man identifiziert die dogmatische Schule häufig mit der religiösen Schule, aber auch die antireligiöse Schule und — schlimmer noch — die Schule, in der der Atheismus regiert, ist dogmatisch, denn diese Schule hindert den Menschen als Person daran, sich die Frage nach Gott zu stellen, was gleichbedeutend ist mit der Frage nach dem menschlichen Schicksal. Die Religion ist ein Entwurf des Geistes, sie ist der höchste seiner Entwürfe. Und deshalb kann die Bereitschaft zur Religion im Bewußtsein der Zu-Erziehenden nur immer angeregt und gefördert werden, denn jeder soll sein Schicksal selbst wählen können. Eine solche Wahl ist aber nur wirklich eine Wahl, wenn sie nicht Ergebnis einer strengen Determination ist, sondern ein Akt der Freiheit, denn die Freiheit ist der Akt der Souveränität der menschlichen Person.

Kritische Erziehung also, um die Determination in Richtung auf die Werte zu überwinden, Werte, die die Person frei entwerfen und erfinden können muß! Das muß die Erziehung fördern und die Schule sich als Ziel setzen. Sie wird wirklich Schule, wenn sie auch die Möglichkeit des Erfindens und des Entwerfens von Werten lehrt. Und infolgedessen wird die Schule das sein, wenn sie auch methodische Schule zu sein weiß. Ihre Hauptaufgabe ist also die, sich am Habitus der Forschung zu orientieren und den Hang zum Erfinden zu wecken, damit jede Person lernt, ihre eigene Kultur und zugleich sich selbst autonom zu gestalten.

Sich-selbst-Gestalten! In diesen Ausdruck können wir uns die pädagogische Essenz des historischen Personalismus eingeschlossen denken: Erziehung und Schule sollen es dem Menschen ermöglichen, sich selbst als Person aufzubauen, sich als Person zu begründen, sich darzustellen, sich durchzusetzen in der Fülle der Sozialbeziehungen, als interpersonale Beziehungen und fruchtbarer Kreislauf der Wechselseitigkeit. Es ist dies ein Kapitel der personalistischen Pädagogik, auf das ich hier nicht weiter eingehen kann, obwohl es wert wäre, ausführlicher behandelt zu werden, aber die Zeit drängt und gestattet mir nicht, Ihre Geduld und Aufmerksamkeit länger in Anspruch zu nehmen. Es genügt hinzuzufügen, daß die personalistische Pädagogik eine Sozialpädagogik ist, freilich von einer Sozialität, die auf die Prinzipien der *Freiheit* und *Gleichheit* gegründet ist, welche uns auferlegen, alle Schranken niederzureißen, die die Menschheit getrennt haben und noch trennen.

Ein letzter, aber sehr kurzer Hinweis auf die personalistische Theorie der *Didaktik*. Hier ist es erforderlich, die klassische — zugleich theoretische und historische — Antinomie zwischen einer objektivistischen Auffassung der Didaktik, nämlich der normativen Didaktik, und einer subjektivistischen Auffassung, nämlich der inventiven Didaktik, zu erwähnen und dann noch die Gegenüberstellung der Didaktik als Wissenschaft zur Didaktik als Kunst anzuführen.

Der historische Personalismus achtet als solcher auf die *Geschichtlichkeit* des didaktischen Programms oder auf die Tatsache, daß es Korrelat der Zeit und demnach grundsätzlich Prozeß ist. Als solcher kann er nicht von einer äußeren Objektivität geregelt werden; das wäre eine Normierung, die als *a priori* angesehen werden müßte, indem man dann die Persönlichkeitsfaktoren auslöschte, die sie strukturieren. Aber gleicherweise kann er nicht dem reinen *a posteriori* der bloßen Erfahrung überlassen werden, d.h. der Improvisation: als zufälliges Ergebnis der subjektiven anomischen Inventivität. Hier entsteht der Begriff der Didaktik als Erkenntnislehre, als „Kriteriologie": einer Didaktik also, die keine objektiven Richtlinien kodifiziert, sondern die wesentlichen Kriterien angibt, die die didaktische Tätigkeit rationaler machen und deren Ergebnis immer durch Originalität und Neuheit und daher von Personalität charakterisiert ist.

Es gibt fünf solche theoretisch aufweisbare Kriterien: das *teleologische*, das *psychologische,* das *auxologische,* das *soziologische* und das *experimentelle* Kriterium. Es erübrigt sich, diese Kriterien einzeln zu beleuchten, denn es ist leicht, sich über ihre Bedeutung und ihre Auswirkung auf das didaktische Handeln zu orientieren. Aber man kann nicht umhin zu bemerken, daß diese Kriterien die Verbindung und die stets problematische Einheit zwischen Erziehungsphilosophie und Erziehungstechnik gewährleisten und eben damit die untrennbare Verbindung zwischen der Problematik der Erziehungsziele und der Erziehungswerte mit der Problematik der Mittel und Methoden in der Einheitlichkeit einer autonomen pädagogischen Wissenschaft.

INTERNATIONALE PÄDAGOGIK
hrsg. v. Winfried Böhm

Band 1 *Israel Scheffler,* **Vernunft und Lehren,** übers. u. komm. v. *Hans W. Nau,* ca. 230 Seiten, ca. DM 36,—

ISBN 3-88479-054-4

Band 2 *Gabriele Conrad,* **Kind und Erzieher in der BRD und in der DDR,** 488 Seiten, MS.-Druck, DM 58,—

ISBN 3-88479-088-9

Band 3 *Paul Rüfenacht,* **Vorschulerziehung in der Schweiz,** 220 Seiten, DM 48,—

ISBN 3-88479-090-0

Band 4 **Pädagogik oder Erziehungswissenschaften,** hrsg. v. *Winfried Böhm,* ca. 240 Seiten, ca. DM 45,—

ISBN 3-88479-082-X

Band 5 *James Swift* (Hrsg.) **Bilinguale und multikulturelle Erziehung — Ein Reader,** 169 Seiten, DM 32,—

ISBN 3-88479-091-9

Band 6 *Waltraud Harth,* **Pauline Kergomard und die Entwicklung der Vorschulerziehung in Frankreich,** 196 Seiten, DM 39,80

ISBN 3-88479-089-7

Band 7 *Gabriele Weigand,* **Erziehung trotz Institutionen? Die pédagogie institutionnelle in Frankreich,** 208 Seiten, DM 42,—

ISBN 3-88479-092-7

Band 8 *Winfried Böhm,* **Theorie und Praxis,** ca. 80 Seiten, ca. DM 19,—

ISBN 3-88479-081-1

Verlag Königshausen + Neumann — Würzburg